数字时代

大学生生涯发展与就业指导

谭建伟 李 凌◎主 编
王建东 吴珍妮 梅 玫◎副主编

重庆大学出版社

图书在版编目（CIP）数据

数字时代大学生生涯发展与就业指导 / 谭建伟，李凌主编. -- 重庆：重庆大学出版社，2022.7（2024.7重印）

ISBN 978-7-5689-3252-3

Ⅰ. ①数… Ⅱ. ①谭…②李… Ⅲ. ①大学生－职业选择－高等院校－教材 Ⅳ. ①G647.38

中国版本图书馆CIP数据核字（2022）第067396号

数字时代大学生生涯发展与就业指导

SHUZI SHIDAI DAXUESHENG SHENGYA FAZHAN YU JIUYE ZHIDAO

主编 谭建伟 李 凌

策划编辑：唐启秀

责任编辑：李桂英 版式设计：唐启秀

责任校对：关德强 责任印制：张 策

*

重庆大学出版社出版发行

出版人：陈晓阳

社址：重庆市沙坪坝区大学城西路21号

邮编：401331

电话：（023）88617190 88617185（中小学）

传真：（023）88617186 88617166

网址：http://www.cqup.com.cn

邮箱：fxk@cqup.com.cn（营销中心）

全国新华书店经销

重庆天旭印务有限责任公司印刷

*

开本：720mm × 1020mm 1/16 印张：12.25 字数：225千

2022年7月第1版 2024年7月第6次印刷

ISBN 978-7-5689-3252-3 定价：49.80元

序言

教材《全程化大学生职业生涯规划——大学生活 DIY》出版于2016 年，一晃过去六年了。在这六年的时间里，经济社会领域出现了共享经济快速发展、全球化进程受阻、中美贸易战和新冠疫情肆虐等新情况；在科技领域，AI（人工智能）正快速渗透几乎每一个行业，新能源汽车取代传统能源汽车的步伐也日益加快。这些变化和挑战正在也必将继续深刻影响大学生的职业发展和就业。面对外部环境的急剧变化，我们也在思考大学生职业生涯和就业指导的变与不变，于是就有了这本新教材《数字时代大学生生涯发展与就业指导》。

经济社会和科学技术是职业发展和就业的外部宏观环境因素，往往以间接、缓慢但深远的方式影响大学生的就业选择和职业生涯。经济社会因素具有突发性、不确定性，因此一般不适合放在职业生涯规划和就业类教材中讨论（但教师在上课时一定要结合就业环境等相关课程内容进行讲授）。科学技术的变化相对趋势性更加明显，因此，我们在新版教材中对 AI 对职场和职业能力的影响进行了初步讨论，希望能够引起大家的关注和思考。当然，我们的新教材之所以叫《数字时代大学生生涯发展与就业指导》，更是因为我们试图通过线上线下结合，通过网络技术和大数据技术，构建一个大学生职业生涯规划与就业指导的学习“生态圈”。为此，我们设计和提供了丰富的网络互动资源，可以让每一个课程教学和学习的参与者融入这个大学生职业生涯规划与就业指导的“生态系统”。这是一种全新的尝试，希望有更多的老师和学生可以参与进来。选用这本《数字时代大学生生涯发展与就业指导》教材，可以获得传统的纸质教材和丰富的线上教学资源，在提高学习效果的同时，还可以和老师、学习同伴有更多的互动和交流。

我们认为，尽管我们处在一个所谓的“VUCA”时代［VUCA 是 volatility（易变性）、uncertainty（不确定性）、complexity（复杂性）、ambiguity（模糊性）的缩写］，但在高等教育和劳动力市场的关系中需要回答的冲突和问题仍然是基本不变的。例如，大学的专业与职业到底是什么关系？读研是否就真的能够找到一份更为满意的工作？应该把更多的时间投入到学习上还是社会实践活动中？什么证书更有含金量？是不是只有通过四六级英语考试才能找到一份好工作？大学生职业生涯探索帮助我们运用科学的方法在充满迷雾的世界中找到影响专业学习与职业发展的因素之间的关系，从而引导我们作出合理的决策。

本教材与其他同类教材的区别还表现在以下三大方面：第一，将当代大学生的实际问题和生涯发展理论整合，我们始终围绕重要的现实问题安排主题内容；第二，给出了大量的案例和思考，我们的目的是引导学生成为一名自主学习者；第三，结合教育部课程思政的要求，我们专门设计了相关模块，突出新时代的变化趋势，让学生深刻理解自我发展与国家和民族的伟大复兴密不可分。

本书第二版的编写延续了前一版的思想和特点，并在以下方面增加了新的内容，旨在帮助学生理解、掌握并应用生涯探索的重要思想：

1. 在每一章开头增加习近平总书记对青年大学生的殷切期待和青春寄语，学生们可以从领袖的金句中汲取前行的力量；

2. 在主要内容的讲解中加入知识拓展和问题引导，激发学生的学习兴趣，引发学生的向内思考；

3. 在相关章节加入学生的学习作品和范例，让学生在理性认识的同时能够获得更多的感性体验；

4. 每章都配有实证研究部分，介绍了国内各领域学者对大学生学习和职业发展的研究成果，授课教师和学生们可以沿着这些研究的方向找到自己感兴趣的主题从而开展自己的研究；

5. 更新了进一步阅读的文献，扩展了文献的范围，帮助大学生从多个学科的角度对职业生涯发展的问题进行广泛的思考，形成更为广阔的视野；

6. 突出理想与信念的力量，让大学生在榜样人物的感召下不仅能够看到生涯发展的多样性，而且能够朝着榜样的方向活出自己的精彩；

7. 加入学习强国的相关内容，学习强国平台不仅是党员的教育阵地，也是青年大学生的学习宝库；

8. 在每一章的学习中加入互动环节，学生们可以在晒晒吧中展示自己的学习成果，并在课堂上进行分享交流；

9. 在每一章的最后加入音频学习资料，增加学习的途径，也欢迎大学生们在学习中多提问题；

10. 我们将对职业发展的经济学思考和线上求职的具体技巧内容放在附录部分，感兴趣的同学可以在这里进行深入学习。

本教材分为三个部分。第一部分是大学与生涯，内容的重点是帮助学生尽快完成从中学生到大学生的转换和生涯意识唤醒。内容篇幅包括第一章到第三章。第二部分是学业规划与职业规划，这部分介绍了工作世界探索的内容和方法，个人的兴趣、性格、技能、价值观的探索，以及生涯规划决策与行动。内容篇幅包括第四章到第八章。第三部分是就业指导，重点从求职材料、面试的准备等方面给学生一些具体的方法和工具。内容篇幅包括第九章到第十一章。最后的附录对学生进入职场，在工作中如何实现自我提出了建议。本教材的编写思路是希望对大学生的整个大学生活有一个全程化的关注、引导、支持和帮助。

为了更好地帮助教师和学生参与到课程学习中，我们打造了线上学习平台：大学全程学业生涯规划平台。平台主页包括了课程简介、教学课件、微课视频、即问即答、生涯故事会＋名作推荐和课程思政素材六个板块的内容。我们还专门编写了平台的使用说明，供大家参考。

本教材的出版首先要感谢重庆理工大学、重庆工程学院各级领导，尤其是招生就业处和教务处一直以来对课程建设的关心与支持。还要感谢许多职业生涯规划教育领域的朋友和同事，他们和我们探讨了本书的内容并提出了有益的建议。重庆大学出版社各级领导高度重视本教材的出版，多次就本教材的出版提出要求和期待；本教材的策划编辑唐启秀老师和他的同事们也通过极具创造性的工作从许多方面改进了本书的质量。最后感谢那些在教学过程中给予我们反馈和无私分享自己的心得体会和案例的同学们。对于他们给予的帮助，我们深表感激。

欢迎读者批评指正。我们的邮箱：tjw@cqut.edu.cn;82966175@qq.com.

作　者

2022 年 4 月 6 日

一版前言

从 1978 年恢复高考，至今已有将近 40 年，我国的高等教育得到了迅猛的发展。在此期间，高等教育逐步完成了由精英教育向大众化教育的过渡，大学生也由“天之骄子”慢慢变成普通劳动者。

在这个过程中，大学生就业不论是形式、环境还是大学生自身的就业观念都发生了巨大的变化。20 世纪 90 年代中期之前，大学生就业是国家统一安排，计划经济的色彩浓厚，总体来讲是“卖方市场”，多数大学生都能够如愿进入“大名府”，1992 年“南方谈话”后，社会主义市场经济体制逐步建立，双向选择开始流行。一方面，国家开始鼓励大学生和用人单位“自由恋爱，双向选择”；另一方面，越来越多嗅觉敏锐的大学生意识到了市场经济给就业带来的巨大变革，开始自主选择就业的方式、方向和类型。

进入 21 世纪，受我国高等教育大众化、用人机制市场化、经济体制转轨和产业结构调整等因素的影响，大学生就业问题日益成为我国政治经济和社会生活中的一件大事。中国的迅速发展为大学生提供了无数的机会，当然也有严峻的挑战。就业市场已悄然变成“买方市场”，每到毕业季，大学生就业“没有最难，只有更难”似乎成为一种常态。大学生们发现，多数大学文凭不像 20 世纪八九十年代，是“高能力、高水平”的标志，好像正在变成只是“你不是那么差”的证明而已，仅凭一纸大学文凭就可以轻易就业的时代一去不回了。因此，政府、学校和学生都对职业生涯发展目标、职业能力提升和就业指导等问题越来越关注。

高校的职业生涯规划教育体系就是在这样的背景下逐步建立起来的。2003 年，国务院批转了《2003—2007 年教育振兴行动计划》，明确提出“要加强对学生的职业指导和创业就业教育”。2008 年，教育部要求高校逐步面向所有学生开设“大学生职业生涯规划” 课程，并与 GCDF(全球职业生涯规划师) 中国项目中心（北森集团）携手深入合作，陆续推出“TTT”“GCDF”和“BCC”等培训和认证项目，职业生涯教育在我国的高校得到了蓬勃的发展。

我们几位编著者也是从 2008 年左右开始进入职业生涯规划教育领域，几年的教学、辅导和管理工作，感触良多。结合这些年的经验和体会，我们提出了“全程化的大学生职业生涯教育体系”的理念，并在重庆理工大学进行了实践。经过近年来的努力，已在重庆理工大学构建了涵盖大学新生角色转变、学业规划、职业生涯规划、就业指导、毕业校友生涯发展指导等内容，贯穿大学四年乃至毕业后，综合课堂教学、团队辅导、各类竞赛、工作坊、生涯系列讲座、个体咨询等形式的较为完备的全程化职业生涯规划教育体系。

我们认为，大学生职业生涯规划教育体系应该具备以下几个方面的特点：

•全程化：职业生涯规划教育应该贯穿大学四年乃至毕业后，而不只是在开设“职业生涯规划”和“就业指导”课程的学期进行。

•交互式：交互式指的是职业生涯规划教育学生是主体，教学和开展各类活动的过程中要特别强调学生的“体验”与“分享”，引起学生的“反思”与“感悟”，促进学生的“行动”与“发展”。

•系列化：系列化是指要构建贯穿大学四年乃至毕业后，综合课堂教学、团队辅导、各类竞赛、工作坊、生涯系列讲座、个体咨询等形式的较为完备的全程化职业生涯规划教育体系，持续影响学生。

基于这样的思路，我们编著了这本《全程化大学生职业生涯规划——

大学生涯 DIY》。我们希望这本“手册”不仅是“职业生涯规划”和“就业指导”课程的教材，更希望它成为陪伴大学生四年甚至更长时间的“伙伴”，大学生在大学期间遇到学业规划问题、专业发展问题、职业生涯规划问题、就业选择问题，甚至情感问题都可以在书中得到启示和资源上的支持。

这本“手册”有以下特点：

•结构更加合理：在结构安排上，我们和一般教材相比较有一定的调整。1—2 章是中学生向大学生的角色转换和学业规划内容，3—7 章是职业生涯规划内容，8—9 章是就业指导、职场适应和生涯发展等内容。这样的结构安排应该说是更加合理完善了，也反映了职业生涯规划教育大学四年乃至毕业后的“全程化”特点。

•内容体例丰富：内容上弱化知识的传授，只介绍相关知识要点，并增加了“大师语录”“热点要闻”“生涯故事会”“伟伟道来”等多种学生喜闻乐见的内容形式；设计了“名作推介”“生涯影视会”“互动与分享”“拓展阅读”“学习收获”“线上资源”和“课外实践”等多种需要学生参与的环节，强调学生体验—感悟—行动 DIY，体现了“交互式”的职业生涯规划教育特点。

•形式资源多元：我们设计了众多课堂上课堂下、线上线下和校内校外的系列活动，并尽可能地链接各种资源，力求形成涵盖课堂教学、团队辅导、各类竞赛、工作坊、生涯系列讲座、个体咨询等形式的较为完备的立体化的全程化职业生涯规划教育体系，持续影响学生，体现“系列化”的职业生涯规划教育特点。

•理念理论融合：在编著本书时，我们试图融合生涯发展各种理论流派的观点，这当然是基于我们认为各种流派之间不是“取代”，而应该是“融合”的认识。比如在结构顺序上，先讲“职场认知”再讲“自我认知”就是后现代的建构理论视角。另外，行为经济学、信息经济学、教练技术、积极心理学等与生涯发展关系密切的交叉学科理论也在书中多有体现。

作为一种新的尝试，我们希望本“手册”的使用也有别于一般的普通教材，它应该被这样使用：

•大学生的 DIY 手册：首先，我们认为这本“手册”应该陪伴大学生四年的学习生活，也就是从新生入校开始直到大学毕业，大学生们都可以自主或在老师指导下完成书里面大量的 DIY 内容。

•“职业生涯规划”和“就业指导”课程的教材：这本“手册”的主体内容仍然是“职业生涯规划”和“就业指导”的相关内容，因此在开设“职业生涯规划”和“就业指导”课程的时间段里，本“手册”应该是学生的课程教材。

•生涯发展的资源库：“手册”中链接了大量与生涯发展相关联的各种资源，学生可以根据自己的情况去进一步了解、获取，这样就可以扩大学生的视野，获得更多生涯发展资讯。

•各种比赛和活动的指导手册：“手册”中介绍了大量的与生涯发展相关的比赛信息和生涯活动的开展指南，可以作为一个简单的比赛和活动的指导手册。

•生涯发展的普及性读物：本“手册”不仅是面向高校学生的手册式教材，我们也希望它是一本关于生涯发展的普及性读物。为此，我们力求以通俗易懂的语言、操作性强的练习（体验）、丰富的相关信息和较为前沿的理论，向读者传递最基本的生涯规划理念、知识和方法。无论是大学生，还是其他希望对生涯发展有所了解的人，都可以从中获得收获。

本“手册”的出版得到了重庆市大中专毕业生就业指导服务中心和重庆理工大学各级领导的大力支持。重庆市大中专毕业生就业指导服务中心长期重视重庆市“职业生涯规划”和“就业指导”教育体系的构建，在师资培训、大学生职业生涯发展相关研究、大赛组织等方面开展了卓有成效的工作。我们几位编著者在这个领域的成长与中心的这些工作密不可分。重庆理工大学招生就业处作为学校“职业生涯规划”和“就业指导”课程的行政主管部门，长期主导相关课程的开设、大赛及其他活动的组织，使重庆理工大学“全程化职业生涯规划教育体系”初步建成，本“手册”也是在重庆理工大学招生就业处积极策划、指导下完成的。重庆理工大学教务处对职业生涯规划课程的教学管理提供了大力支持，本“手册”的编写还获得“重庆理工大学教材出版资助计划”的专项资助。

本“手册”由谭建伟整体策划，李凌负责编写第 1—5 章，李丽编写 6—7 章，谭建伟编写 8—9 章。书稿完成后由李凌、谭建伟进行总纂和修订，赵毅、粟道平审定。本书的完成还要感谢重庆大学出版社的唐启秀编辑，从本“手册”策划一直到出版，唐编辑不仅热情鼓励我们，宽容我们在编写过程中的拖延，还全程参与，对本“手册”的内容、风格和形式等方面提出了很多建设性的意见。另外，还要感谢重庆理工大学经济金融学院的陈星羽同学，她配画的精美手绘图为本“手册”增色不少。

从开始策划本“手册”到现在初步完成，面对书稿，我们真是百感交集。一方面，我们认为自己做了一次很有意义的尝试，也看到了一些效果；另外一方面，我们总是觉得还有很多想法并没有得到很好的贯彻。也许，只要你是认真地做任何一件事情，它最后都会变成“遗憾的艺术”。但是，我们还是赶紧“抛砖引玉”，急切地将它出版，主要是希望各位同学、同行、相关领导对本“手册”提出宝贵意见，我们一起来完善它。

欢迎读者批评指正，我们的邮箱：tjwxxf@sina.com;82966175@qq.com。

作者

2016 年 7 月 12 日

平台介绍

为了更好地帮助教师和学生参与到课程学习中来，我们打造了线上学习平台：大学全程学业生涯规划平台。平台主页包括了课程简介、教学课件、微课视频、即问即答、生涯故事会＋名作推荐和课程思政素材六个板块的内容。

教学课件包括了大学生职业生涯规划与就业指导的十一讲内容，我们创造性地将思政元素融入其中，目的是希望学生能够将自身的生涯发展与国家和社会的发展紧密结合，在中华民族伟大复兴的历史进程中找到自己的方向和定位。教学课件最好与教材结合着使用。

微课视频是以动画的方式展示大学生职业生涯规划的方法和内容，如果你喜欢通过视觉的方式进行学习，你可以自学这些视频；教师在上课的过程中也可以通过播放视频的方式进行相关内容的讲解。

即问即答是我们在长期的教学过程中收集到的大学生较为困惑的十一个生涯发展的问题，以学生问老师答的方式通过音频呈现。这十一个音频可以在平台上直接学习，也可以在教材每一章的结束部分通过扫二维码的方式进行学习。

生涯故事会是以故事的方式讲述身边榜样人物的成长片段。我们选取了一些优秀大学生的事迹，希望同学们可以通过学习他们的成长故事来培养生涯规划的意识，坚定自己的生涯选择。

名作推荐截取了在生涯规划领域部分有趣的书籍，拓展读者的阅读范围，希望可以在这些不同类型不同主题的书中找到对待职业、对待自己、对待人生的正确态度。

课程思政素材是教材中学习强国的内容，学生可以通过教材中的二维码进入相关内容的学习，教师可以在课上讲解这些内容与个人生涯发展的关系以达到课程思政的效果。

同学们可以刮开教材封底的刮刮码，扫码激活，进入学习页面，在页面左边有三个内容模块，分别是生涯历程管理、作品展示和成长记录。生涯历程管理是对四年大学生涯成长过程的记录与汇总，我们根据每个时期的生涯发展主题设计了四阶段的探索活动，同学们在这些题目的指引下可以记录自己的所思所想，越具体越好，在大四阶段，我们将所有的练习和所有的感悟汇集成“我的生涯历程报告”，你可以从这个报告里看到四年的成长和变化。

作品展示模块主要包括读书学习笔记的展示和简历的展示，你可以将教材晒晒吧里写下的内容以电子档的形式上传到这里，分享给老师或同学，也可以在这里进一步完善。

成长记录模块主要是将自己在大学所获得的奖励和参加的社会实践记录下来，还可以对每一个内容进行简要的说明，总结自己的收获和感悟，最后我们会将这些内容嵌入你最终的简历。

教师如需使用平台需要学校开通权限，然后在注册的时候选择对应的学校，就可以进入管理页面，领取“大学生职业生涯规划与就业指导”课程，并在教学管理平台上开展相关教学活动，主菜单在页面右边。在备课授课模块，教师可以将教学课件和教学素材分课时整理好；在我的学生模块，教师可以邀请学生进入授课班级进行管理；在资源中心模块，教师可以自行上传教学所需要的资源，也可以在里面领取已有的教学资源。在试题库中教师可以在每一个课时里设置相应的试题，试题有单选、多选、判断、填空、问答和阅读理解，教师可以在这里进行试题的录入与管理，并在考试练习模块创建线上考试。教师还可以在作业问答模块查看学生的作业，并就学生提出的问题进行回应。在课堂评价部分，教师可以对每个学生的学习情况和小组学习情况进行点评。最后，教师可以通过学生生涯规划测评端口看到授课班级每个学生的生涯历程报告详情，更好地了解学生，还可以看到总体的数据特点，更好地调整授课内容。

无论是学生还是教师，我们都希望这个教学云平台能够帮助你更好地学习、更好地交流、更好地分享，成就更好的自己。

目录

第一部分 大学与生涯

第三部分 就业指导

附录

第一部分　大学与生涯

第一章　大学与中学有什么不同

金句

年轻人在学校这一步很重要，要心无旁骛，静下心来刻苦学习，既要读“有字之书”，又要读“无字之书”，努力练好人生与事业的基本功。青年是国家的未来和民族的希望，希望同学们肩负时代责任，高扬理想风帆，做有理想、有追求、有担当、有作为、有品质、有修养的“六有”大学生。

人力资本：存在于个体之中的具有经济价值的知识、技能和体力（健康状况）等质量因素之和。

稀缺资源：你想拥有更多但数量有限的东西。

问题：在大学里，除了读书，你还可以做什么？

在经济学家看来，上大学是一种人力资本投资，这种投资包括两个方面：一是沉没成本，就是你的学杂费和书费等；二是机会成本，就是你如果用读大学的时间去干点别的，如打工，你可能在这段时间里能赚到一笔钱，至于这笔钱是多少，取决于能力、身体素质、社会关系等。无论怎样，这笔收入就是你读大学的机会成本。所以，总的来说，上大学是成本很高的一件事，既然如此，我们当然希望这件事值得去做，也就是说在这件事上的投资能够效用最大化。可问题是，时间是一种稀缺资源，如何分配时间才能实现效用最大化呢，还像高中那样只知道读书吗？显然大学生都不会认同这种生活，他们一定会加上“打游戏”“看电影”或者“追剧”。有研究表明，人的自控力也是一种稀缺资源，如果你在别的活动上耗费了太多的自控力，那么你在学习上相对来说就会缺乏自控力。在这个人生新阶段，除了读书，我们还可以做什么呢？

1.1 人的全面发展

从小我们就被教育要全面发展，也就是德智体美劳一个都不能少，做社会主义的建设者和接班人。事实上，全面发展一直是中华民族的传统美德，在中华传统文化中，追求人自身的不断完善与发展始终是人生发展的终极目标。我们在先人的智慧中发现关于全面发展的两个话题。

> 问题：你在德智体美劳这五个方面哪个方面更突出呢？

一是怎样成为人的问题。成为人，就是不要向下物化，即不要做动物，仅有身体在野蛮生长，人性、心灵却毫无观照、觉醒。当然，我们也不要有成“神”的冲动，要知道自己的限制。要成为人，首先要知道人的各种行为不是在真空中实现的，也不是在荒岛或深山老林里进行的，而是在社会中进行的，在社区、家庭、国家、民族等社会共同体中进行的。也就是说，人的成长不能离开具体的社会环境，不能离开具体的社会分工角色伦理。人的成长必须遵循一定的秩序、规矩。正所谓没有规矩，不成方圆。正是这些规矩构建起了社会支持系统。

> 推荐阅读：路遥的《平凡的世界》《人生》，看主角如何在各种社会关系中成长。
> 费孝通的《乡土中国》，对中国的差序格局作了很好的说明。

二是成为怎样的人的问题。在孔子看来，做人就要做君子，君子有很多行为特征，最重要的就是有所为，有所不为。什么可以为？勇于面对困难可以为，修己安人可以为，守孝道、尊五美、屏四恶可以为。什么不可为？不被理解而不怒，不抱怨他人，不愤世嫉俗，不结党，不求全责备，不忧贫，不拘小节。这些都是君子的标准，可以对照一下，给自己制订目标。在孟子看来，人有四端。“四端”是指“恻隐之心，仁之端也；羞恶之心，义之端也；辞让之心，礼之端也；是非之心，智之端也”。孟子认为恻隐、羞恶、辞让、是非四种情感是仁义礼智的萌芽，也是人之为人的标志。

> 问题：你认为在大学里什么可以为，什么不可为？

1.2 成年初显期

有两个因素导致今天的青年在成年时出现了一个或长或短的过渡期。因素之一是技术革命的浪潮导致了今天的劳动力市场对劳动

> 问题：你认为成年的标志是什么？

者技能的要求越来越高，因此个体会选择延长受教育的年限，追求更高的学历。二是随着科技的进步带来的思想观念的改变，人们越来越追求独立、更好的发展机会、更多的选择空间、更优越的生活条件。于是，在充满变化与竞争的社会里，青年们需要更长的时间进行探索，而不是迅速就业、结婚、生子。在世界范围内，尤其是发达国家，年轻人初婚、就业的时间在不断推迟，这段过渡时期被美国学者杰弗里·贾森·阿内特教授开创性地命名为“成年初显期”。他认为这段时期青年的发展特点可以归结为五个方面：身份探索、不确定性、关注自我、过渡性、可能性 / 乐观性。

成年初显期：一种社会和文化所界定的独特的生命阶段，不是生理意义上的生命阶段。

（1）身份探索，就是不断地思考，我到底是谁，我到底要成为什么样的人，我到底要过怎样的生活，我喜欢什么人，我喜欢什么工作等问题。在信息发达的时代，我们会被各种思潮及价值观念所影响，冲击着我们原来对世界的看法。青年的教育、婚姻、恋爱、事业的观念越来越多元化，可是要作出适合自己的选择并不容易。所以身份探索对于今后的稳步发展显得尤为重要。就像我们买东西时总是希望先体验一下，对未来生活的体验就是去面对未知做勇敢的探索，这需要走出舒适区。

舒适区：在这个区域里，每个人都会觉得舒服、放松、稳定、能够掌控、很有安全感。一旦走出这个区域，人们就会感到别扭、不舒服，或者不习惯。舒适区是一种认知模式，它帮助人们维护自我形象，建立心理防御屏障，但长期沉溺于舒适区的人，会不思进取、故步自封，久而久之，会感到迷茫和无助。

（2）不确定性，是身份探索行为的结果，就是一切都处于暂时没有答案、没有结果的状态。正如外部世界的变化一刻不停，探索的范围和程度也在慢慢加深，探索的道路也并不是一直畅通无阻的，有时候会反复、会变更、会否定原来的一切，所有这些都让我们对未来的认识和行为具有不确定性。

（3）关注自我，意味着来到大学，你将独自面对生活方方面面的困难和任务，你将独立解决各种疑难问题和困难。在这里，远离父母和亲人，没有无微不至的关心，你将比原来更需要关心自己的成长，更需要知道如何关注自己的成长，把更多的心思放在自己身上。

问题：在别人眼中，你是什么样子的？

（4）过渡性，指的是你现在的形象在不同人眼里是不同的，你无法将这种形象与传统的成年人匹配。比如说，在父母眼中，你还是个孩子，在你自己眼中，你可能并不认为自己是个孩子，但有些行为会让你觉得自己也并没有成长到想象当中那么成熟。很多时候，我们会害怕，会逃避，会拖延，会想法简单，会不敢承担责任。

（5）可能性 / 乐观性，正因为一切都没有答案，没有定型，所以青春的活力让我们对未来总是保持着乐观心态，相信自己有无限可能，有更多的机会去尝试，只要自己愿意，尽管当前的环境对自己而言还有很多不如意的地方，但前途总是值得期待的。

阿内特的成年初显期理论基于西方的社会历史背景，对我们有一定的参考意义。中国当下的社会环境与其有许多不同的地方，更重要的是，中国社会有着深厚的东方文化的传统，青年人对自身的看法及与家庭和社会的关系显然又不是阿内特的理论能涵盖的。

1.3 大学阶段的发展

今天的高等教育也与过去存在差异，过去的高等教育是精英教育，今天的高等教育是大众教育。过去的高等教育强调知识的传承，今天的高等教育强调知识的创造；过去的高等教育强调“社会化”，让个体学到符合社会需要的态度、行为和必要的技能，今天的高等教育则是要最大程度地激发个体潜在的所有天赋。齐克瑞基于美国大学生发展理论的主要传统，提出了大学生发展的七个向量理论。

齐克瑞的理论一方面基于他对自身实践工作的总结，另一方面合理地吸收了艾瑞克·埃里克森关于“认同与亲密性”的研究成果。

第一，能力开发。这种能力包括智力、身体技能与操作技能和人际交往能力。这里要注意的是，智力并不是知识，而是为获取知识而培养的文化的、审美的能力与批判性思维能力，而身体与操作技能则来源于体育和艺术类活动。

心理学家雷蒙德·卡特尔把智力的构成区分为流体智力和晶体智力。

第二，情绪管理。我们都知道冲动是魔鬼，不懂控制情绪，就会被这个魔鬼带进无底深渊，不仅会伤害自己，还会伤害别人。为了处理好复杂的人际关系，学会情绪管理是非常必要的。有的情绪需要发泄，有的情绪需要认同，有的情绪需要接纳。管理好自己的情绪，你才不会经常处在失控状态。

情绪 ABC 理论是由心理学家埃利斯创建的，它认为激发事件 A（activating event）只是引发情绪和行为后果 C（consequence）的间接原因，而引起 C 的直接原因则是个体对激发事件 A 的

第三，从自我依靠到相互依靠。你不是一个人在战斗，没必要

认知和评价而产生的信念 B（belief），即人的消极情绪和行为障碍结果（C）不是由于某一激发事件（A）直接引发的，而是由于经受这一事件的个体对它不正确的认知和评价所产生的错误信念（B）所直接引起的。错误信念也称非理性信念。

什么都自己扛着，学会依靠朋友，学会共赴困难，分享快乐，你才会在逆境中更有力量，在顺境中走得更快。

第四，建立自我认同。这种认同感的形成主要涵盖以下 7 个方面：（1）对自己身体与外表的接纳；（2）对自己性别的认同；（3）在社会、历史、文化背景中对自我的认知；（4）明确自我的角色定位；（5）在他人的反馈中认识自我；（6）学会自我接纳与保持自尊；（7）人格的稳定与完整。

第五，培养成熟的人际关系。这包括两个方面：一是对彼此的差异能够保持包容的心态，正如孔子所说，君子和而不同，小人同而不和，要学会欣赏别人的长处；二是能够与他人建立起持久的、健康的亲密关系。

第六，寻找生活的意义与目标。这由三个方面组成：（1）确立清晰的职业目标；（2）对与自身利益相关的事与活动能够保持一致的行为和态度；（3）对自己与他人信守承诺。

第七，培养正直的价值观。这包括个人权利与社会责任相结合，自我利益与他人利益的平衡，坚持与社会发展相匹配的核心价值观念。

齐克瑞的七向量理论在今天的大学校园依然适用，你可以在此基础上思考自己的大学生涯规划。

1.4 管理自己的时间

许多人总是说自己没有足够的时间去做想做的事情，但事实上，时间是公平的，只是没有意识到有些日常行为习惯如果有所改变就能够更好地利用时间。我们可以把每天从早上起床到晚上睡觉的时间里做的所有事情记录下来（如下表示例），就可以看到还存在哪些隐藏的时间。

时间		用时	活动描述
开始	结束		
7:30	8:00	30 分钟	起床
8:00	8:20	20 分钟	早餐
8:20	10:00	1 小时 40 分钟	马列课
10:20	12:00	1 小时 40 分钟	英语课
12:00	12:30	30 分钟	午餐
12:30	13:00	30 分钟	玩手机
13:00	13:30	30 分钟	午休
13:30	14:00	30 分钟	玩手机
14:00	15:40	1 小时 40 分钟	高数课
16:00	17:40	1 小时 40 分钟	实验课
17:40	18:00	20 分钟	晚餐
18:00	19:00	1 小时	参加学院活动
19:00	21:00	2 小时	写作业
21:00	22:00	1 小时	看剧
22:00	22:30	30 分钟	聊天
22:30	23:00	30 分钟	洗漱
23:00	7:30	8 小时 30 分钟	睡觉

问题：你认为哪些时间的使用可以优化？

首先，有效地管理时间。先学会跟随自己的生理节奏，比如在一般情况下，人在早上的时候会比较清醒，做事效率较高，所以，可以把最重要的事情或者需要动脑完成的事情放到早上做，在中午的时候短暂休息一下。经过长时间的学习和工作，可以在下午或傍晚的时候运动一会儿，让身体保持活力。

时间管理四象限：

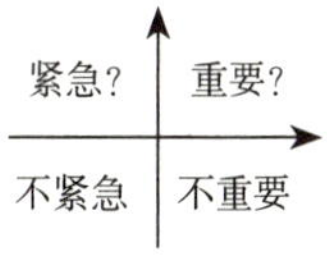

其次，要学会制订计划。你可以制订三种计划，主要任务计划、周计划和日计划。主要任务计划是将时间分配给常规活动，周计划是在主要任务计划的基础上加入更多细节，日计划是周计划的一种简易模式。

以下是主要任务计划范例：

	周一	周二	周三	周四	周五	周六	周日
7:00 – 8:00	早餐						
8:00 – 9:00						社会实践	社会实践
9:00 – 10:00							
10:00 – 11:00	实验室		实验室				
11:00 – 12:00		志愿者			志愿者		
12:00 – 13:00	午餐、午休						
13:00 – 14:00							
14:00 – 15:00				社团值班			
15:00 – 16:00							
16:00 – 17:00	社团值班					兴趣阅读	兴趣阅读
17:00 – 18:00			兼职		兼职		
18:00 – 19:00	晚餐						
19:00 – 20:00		跑步		跑步		跑步	
20:00 – 21:00	复习英语		复习英语		复习英语		
21:00 – 22:00	复习数学		复习数学		复习数学		
22:00 – 23:00	兴趣阅读						
23:00 – 24:00	聊天、睡觉						

以下是周计划范例：

	周一	周二	周三	周四	周五	周六	周日
7:00 – 8:00	早餐						
8:00 – 9:00	英语课	数学课	物理课	马列课	化学课	社会实践	社会实践
9:00 – 10:00							
10:00 – 11:00	实验室	志愿者	实验室	思修课	志愿者		
11:00 – 12:00							
12:00 – 13:00	午餐、午休						
13:00 – 14:00							
14:00 – 15:00	马列课	英语课	数学课	社团值班	专业课	写作业	写作业
15:00 – 16:00							
16:00 – 17:00	社团值班	物理课	兼职	化学课	兼职	兴趣阅读	兴趣阅读
17:00 – 18:00							
18:00 – 19:00	晚餐						
19:00 – 20:00	专业竞赛	跑步	专业竞赛	跑步	专业竞赛	跑步	写作业
20:00 – 21:00	复习英语	学院活动	复习英语	学院活动	复习英语	写作业	
21:00 – 22:00	复习数学	复习化学	复习数学	复习物理	复习数学		
22:00 – 23:00	兴趣阅读						
23:00 – 24:00	聊天、睡觉						

以下是日计划简易范例：

周一计划

7：00 — 8：00 早读英语

8：20 — 12：00 上心理健康课和经济学原理课

13：00 — 14：00 午休

14：00 — 16：00 写管理学作业

16：00 — 18：00 跑步

19：00 — 21：00 复习数学和英语

实证研究

大学生为何"空心化"？

朱燕菲等人（2018）[1] 发现，基于人的整全发展理论，"空心"是个体对人生缺乏规划、对人生价值迷茫进而放弃对人生意义的审视和追求的一类教育现象。研究采用质性访谈法以研究型大学 14 位具有典型"空心"特征的大学生为研究对象，发现研究型大学的大学生的"空心化"主要源自自我认识的片面化、自主发展的受限化、知识探索的边缘化和成就认可的异质化。

进一步阅读文献：

[1] 威廉·德雷谢维奇．优秀的绵羊［M］. 林杰，译．北京：九州出版社，2016.

[2] 维克多·E. 弗兰克尔．追寻生命的意义［M］. 何忠强，杨凤池．译．北京：新华出版社，2003.

[3] 安东尼·T. 克龙曼．教育的终结：大学何以放弃了对人生意义的追求［M］. 诸惠芳，译．北京：北京大学出版社，2018.

1 朱燕菲，王运来，吕林海．一项针对"空心"大学生缘何"空心化"的质性研究［J］，黑龙江高教研究，2018，36（10）：132-138.

理想与信念

博士智援，助力脱贫攻坚

马贝，中共党员，中国海洋大学管理学院2016级农业经济管理专业博士研究生。他不忘初心，创立红旗智援博士团；整合高校博士科研资源，激发老区群众脱贫内生动力；传播革命精神，号召全国青年投身脱贫实践。他所在的博士团，通过与31所高校的46支博士科研团队展开合作，对山东乐陵等7个贫困县开展了累计6.9万小时的智力帮扶，应邀参加全国“青年红色筑梦之旅”高校巡回报告并向副总理孙春兰做项目汇报。新冠肺炎疫情防控期间，他组织号召全国20余所高校的1341名学生，依托专业优势，通过微商营销、直播带货等方式为云南绿春等国家级贫困县累计销售110万余元的滞销农产品。

马贝的经历告诉我们：了解农村发展的现实问题和农民的真正需求，将学术研究落地转化，为农民带来切实的福利，才是最有价值的学术实践，也是青年学子应有的责任担当。

（资料来源：中国大学生在线）

学习强国

心有所信 方能行远，走好这一代青年人的长征路

★全国大赛介绍★

全国大学生课外学术科技作品竞赛

竞赛简介

“挑战杯”全国大学生课外学术科技作品竞赛（以下简称“‘挑战杯’竞赛”）是由共青团中央、中国科协、教育部、全国学联和地方政府共同主办，国内著名大学、新闻媒体联合发起的一项具有导向性、示范性和群众性的全国竞赛活动。自1989年首届竞赛举办以来，“挑战杯”竞赛始终坚持“崇尚科学、追求真知、勤奋学习、锐意创新、迎接挑战”的宗旨，在促进青年创新人才成长、深化高校素质教育、推动经济社会发展等方面发挥了积极作用，在广大高校乃至社会上产生了广泛而良好的影响，被誉为当代大学生科技创新的“奥林匹克”盛会。竞赛的发展得到党和国家领导同志的亲切关怀。

主办单位

共青团中央、中国科协、教育部和全国学联共同主办。

竞赛内容

1. 高等学校在校学生申报自然科学类学术论文、哲学社会科学类社会调查报告和学术论文、科技发明制作三类作品参赛；

2. 聘请专家评定出具有较高学术理论水平、实际应用价值和创新意义的优秀作品，给予奖励；

3. 组织学术交流和科技成果的展览、转让活动。

竞赛形式

1. 组织发动阶段；

2. 省级初评和组织申报阶段；

3. 全国复赛和参赛准备阶段；

4. 全国决赛和表彰阶段。

参赛对象

凡在举办竞赛终审决赛的当年 7 月 1 日以前正式注册的全日制非成人教育的各类高等院校在校专科生、本科生、硕士研究生和博士研究生（均不含在职研究生）都可申报作品参赛。

比赛时间

每年时间会变动，具体以官网为准。

奖项设置

全国评审委员会对各省级组织协调委员会和发起高校报送的参赛作品进行预审，评出 80%左右的参赛作品入围获奖作品，评出入围作品中的 40% 获得三等奖，其余 60% 进入终审决赛。在终审决赛中评出特等奖、一等奖、二等奖，其余部分获得三等奖。参赛的自然科学类学术论文、哲学社会科学类社会调查报告和学术论文、科技发明制作三类作品各设特等奖、一等奖、二等奖、三等奖。各等次奖项分别约占各类入围作品总数的 3%、8%、24% 和 65%。本专科生、硕士研究生、博士研究生三个学历层次作者的作品获奖数与其入围作品数呈正比例。科技发明制作类中 A 类和 B 类作品分别按上述比例设奖。

网上练习

我的理想是什么？

即问即答

在大学里我如何与他人建立联系？

在大学里我如何与他人建立联系

晒晒吧：你的时间表

第二章　生涯探索有什么用

金句

有信念、有梦想、有奋斗、有奉献的人生，才是有意义的人生。当代青年建功立业的舞台空前广阔、梦想成真的前景空前光明，希望大家努力在实现中国梦的伟大实践中创造自己的精彩人生。

爱默生说：只有浅薄的人相信运气和机遇，强者只相信因果。

还记得《功夫熊猫1》这部电影的开头吗？阿宝面临着两个选择：或卖面条，或成为神龙大侠。这个至关重要的选择改变了他的命运。还记得《少年的你》吗？在电影的开头，就是一个生死的选择，以及后来，在校园霸凌面前，有人选择屈服，有人选择反抗，这些重要的选择也造就了不同的人生。你有没有遇到过这种重要的选择呢？你有没有想过，在过去某个时间节点上，如果你做出了另外的选择（通常也称为反事实结果），你的人生会有怎样的不同？你有没有想过，在未来又有怎样的重要的选择在等待着你，你是否已经做好了准备？比如说对职业的选择。这一章，我们将会告诉你，一个人的职业生涯大概会是一个什么样子的，它会涉及哪些重要的方面，了解这些对我们来说到底意味着什么？

2.1　关于职业生涯的隐喻

1. 西方对生涯的理解

西方人对生涯的理解包含有未知、冒险、奋进、向上的含义。

生涯这个词在英文中是 career，来自罗马文 via carraria 和拉丁文 carrus，两者指的都是古代的战车。在希腊，career 有疯狂竞赛的意思，常用作动词，如驾驭赛马（to career a horse），大家可以想象一下赛马是一个什么样子，充满刺激、激情，而过程中什么都有可能发生，你得注意自己的平衡、速度、方向，你得遵守规则，要抵御来自四面八方的干扰，同时还要保持一个良好的身心状态，以免自己在路上就死掉，或被别人干掉。

2. 东方对生涯的理解

而在中国人的观念中，生涯更多的与“生计”和“志业”联系在一起。如唐代的刘长卿在诗中写：“杜门成白首，湖上寄生涯”，元朝马致远说：“正是：番家无产业，弓矢是生涯”，在他们眼中，生涯就是柴米油盐酱醋茶，琴棋书画诗酒花，酸甜苦辣咸香涩，锅碗瓢盆衣裤袜。而范仲淹说“先天下之忧而忧，后天下之乐而乐”，北宋大儒张载有言：“为天地立心，为生民立命，为往圣继绝学，为万世开太平”。在这些知识分子和士大夫心中，生涯又不止那点人间烟火，还有鸿鹄之志与弘道之心。

2.2 埃里克森八阶段理论

在心理学家埃里克森看来，人一生的发展要历经八个阶段，每个阶段有相应的核心任务，当任务得到了及时的解决，就会获得较为健康的身心状况。核心任务没有得到关注或被拖延，就会出现发展的不连贯的状态，影响人的一生。

1. 婴儿期（0 ~ 1.5 岁）：信任对不信任

婴儿从出生开始就时刻形成着对世界的认知，在大人眼里，婴儿不懂事，但其实他们每一天都比昨天更懂事。在这一阶段，婴儿如果能够得到温暖、爱的抚摩以及足够的关怀，就会形成信任他人的倾向。反之，婴儿如果生理和心理上的需要没有得到关注，就会形成不信任他人的倾向，未来可能会加深不安全感、猜疑，以及在与他人建立关系时出现困难。

2. 儿童期（1.5 ~ 3 岁）：自主对羞愧和怀疑

这一时期，孩子学会了大量的技能，开始自己探索世界了，他们会爬上爬下，摸这摸那，走东走西，跑来跑去。当然他们也在笨拙地给大人们制造各种麻烦，甚至担心。如果父母在这个阶段过于保护孩子，任何东西和事情都不让孩子去尝试和接触，就会使孩子怀疑自己的能力，如果父母对孩子造成的各种麻烦和笨拙表现出指责和不耐烦，孩子就会对自己的行为产生羞愧。如果父母通过积极鼓励的方式让孩子尝试新本领，就能培养孩子的自主意识。

3. 学龄初期（3 ~ 6 岁）：主动对内疚

这一时期的孩子不再满足于简单的动作，他们开始投入各种游戏，在玩乐中表现出主动精神，比如在地上、墙上画画，拆除东西，模仿与创造，想象与提问。这些都在增加他们对世界的控制感，这种感觉实在是太好了，看，爸爸妈妈，这是我干的，是我让这世界面貌焕然一新。如果这种行为得到父母的鼓励，就可以强化孩子的主动性，而如果父母总是批评孩子，不让他们游戏，不允许他们提问，就会让孩子觉得自己做的都是让父母不开心的事，因而产生内疚感。

4. 学龄期（6 ~ 12 岁）：勤奋对自卑

这一时期孩子开始从家庭走向学校，在生活的世界中又迎来了新的环境和新的任务，很多改变和成长也在这一时期发生，在学校，孩子开始学习那些在未来社会认为是重要的或不可或缺的技能，在这种环境中顺利与否直接影响着他们对能力的自信。如果孩子在阅读、绘画、唱歌、手工等活动中因为自己的作品而得到赞扬，他们就会形成勤奋的倾向。如果孩子的努力总是得不到关注，他们就会形成自卑的倾向。

5. 青少年期（12 ~ 18 岁）：自我同一性对角色混乱

青少年期通常是一个在情绪上和在心智上都不太稳定的时期，青少年期是一个从少年到成年过渡的时期，这一时期主体意识开始出现，伴随而来的就是在与外界、家庭、社会的冲突中直面一个问题：我是谁？我要成为谁？由于生活内容的增多、文化知识的学习、人际关系的变化，在这些生活事件中孩子形成了不同的角色，只有认同这些角色，并把这些角色整合形成统一的自我，孩子才能建立自我同一性，如果没能将这些角色很好地整合，无法确定自己是谁，要成为谁，就会陷入角色混乱的痛苦。

6. 成年早期（18 ~ 35 岁）：亲密对孤独

在这个时期，一个人开始走向社会，个体感到个人力量的渺小，在生活中有了亲近他人的需要，需要朋友，需要交流，需要认同，需要支持，需要情感，需要分享，所以为什么现在“基友”“闺蜜”满天飞，在朋友圈里各种晒，各种点赞，最幸福的事莫过于看到这句话：“对方正在输入中。”在这个沟通距离越来越短的时代，人们越来越需要，并随时准备与他人分享生活中的点点滴滴，为的就是在任何时候都要营造一个亲密的氛围（想想自拍神器）。在这个时候，如果个体无法与他人建立亲密关系就会陷入深深的孤立感之中。

7. 成年中期（35 ~ 65 岁）：普遍关注对自我专注

在埃里克森看来，一个成熟的成年人的主要标志在于指导下一代的兴趣，也就是我们所说的，能力越大，责任越大。责任越大，关注的范围就越大。不仅关注自己，更多的是通过关注自己的孩子和他人的孩子来实现。无法做到这一点的人将处在一种专注于自我狭小空间的状态，生活就会缺少很多的乐趣和成长，个体会感到痛苦和无聊，找不到生活的意义。

8. 成年后期（65 岁以上）：圆满感对绝望感

成年后期就要进入我们所说的老年时光了。夕阳无限美，可惜近黄昏。这时人生的大部分时光已经走完了，无论风光也好，平淡也好，欢乐也好，难过也好，过去已付笑谈中。在对这一路走来的回顾时，有的人会看到自己积极和认真的身影，在每次挑战和机会面前不断提升自己，虽然很艰辛，但也很充实，这样的人就会对自己、对生活产生圆满感，而有的人可能会看到自己一事无成，在过去想做的事很多，动手做的事很少，觉得自己失去了很多机会，一切都已经来不及了，他们就会对自己有一种绝望感，恐惧死亡的到来。

2.3 职业生涯发展的新特征

戈特弗雷德森发现：在儿童的游戏阶段，个人的职业理想与性别相联系；随着个人的成长，个人择业的期待逐步按照社会声望高低来评价和约束。

随着经济全球化以及科学技术的迅猛发展，大学生职业生涯发展逐渐形成了新的特征：

（1）人才竞争全球化。经济全球化导致人才竞争全球化。随着全球化的激烈竞争，社会结构产生了剧烈变化，“好学校通往大公司、好工作”的梯子渐渐消失。

（2）就业形势持续严峻。在目前中国的劳动力市场上，有三支庞大的就业大军：下岗再就业员工、农村向城市转移的劳动力以及大中专毕业生，而经济增长带来的新增就业岗位明显不足，导致在相当长的一段时间内就业形势不会得到明显改观。

（3）灵活就业和创业将成趋势。全职、兼职、短工、合约制、临时工、自由职业等多种就业形式同时存在。

（4）终身学习成为职场之必需。未来许多工作机会将是现在不存在而被创新出来的，因此，人们无法使自己受的教育和培训背景与将来面临的职业和岗位完全吻合。此外，由于技术的进步，人的一生很可能不止一次变换工作，因此，未来职业世界将是一个学习型社会，只有不断充电，才能避免失业。

（5）多技能、创造力成为人才竞争的重要资本。知识型工作者将在劳动力中占主导地位，创新成为经济发展的动力。未来的工作，要求从业者发挥更多功能，运用更多技能，更富有创造力。

（6）职业化素质越来越受到雇主的重视。在雇主眼里，与人沟通、团队协作、敬业精神、职业道德等软技能、非专业性技能和工作的技能要求同等重要。保持与企业价值观协调一致的员工，将更多地受到雇主的青睐。

（7）工作与生活的界限越来越模糊。日新月异的通信技术以及创意型办公室、SOHO办公形式的出现，将生活与工作的界限模糊化。

（8）中小企业成为就业的主渠道。我国中小企业占全国企业总数的95%，吸纳就业人数占城镇就业人口的80%，工业产值、实现利税分别占全国的60%、40%左右，已经成为市场经济的核心力量。

2.4　生涯探索的作用

不同的学者对生涯有着不同的理解，目前被大多数学者接受的生涯概念来自舒伯（1976）的观点：生活里各种事态的连续演进方向；统合了人一生中依序发展的各种职业和生活的角色，由个人对工作的投入而流露出独特的自我发展形式；它也是人生自青春期以迄退休之后，一连串有酬或无酬职位的综合，除了职业之外，还包括任何和工作有关的角色，如学生、受雇者、领退休金者，甚至也包含了副业、家庭、公民的角色。生涯是以人为中心的，只有在个人寻求它的时候，它才存在。

1976—1979年，舒伯在英国进行了为期四年的跨文化研究，之后提出了一个更为广阔的新观念——“生活广度、生活空间”的职业生涯发展观。除了原有的发展阶段理论之外，加入角色理论，并根据职业生涯发展阶段与角色彼此之间交互影响的状况，描绘出一个多重角色职业生涯发展的综合图形。这个生活广度、生活空间的生涯发展图形，舒伯将它命名为“一生职业生涯的彩虹图”。

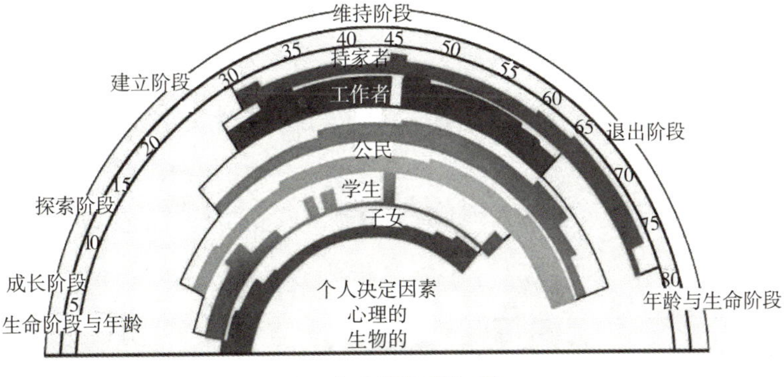

一生职业生涯的彩虹图

1. 横贯一生的彩虹——生活广度

在生涯彩虹图中，横向层面代表的是横跨一生的生活广度。通俗地说，就是你活多长，也许你觉得 80 岁自己还年轻，那你可以在 80 前面加个 1。

彩虹的外层代表人生主要的发展阶段和相应的大致年龄：成长期（相当于儿童期），探索期（相当于青春期），建立期（相当于成人前期），维持期（相当于中年期）以及衰退期（相当于老年期）。

当然，这年头，总会有一些老人用逆天的方式来告诉你：我们不服老！比如有着“最炫的东北人”“最酷老大爷”“健身达人”“时尚老人”称号的王德顺 24 岁成为话剧演员，44 岁才开始学英语，79 岁走上 T 台，81 岁还保持健身的习惯，85 岁拿下飞机驾照。

2. 纵贯上下的彩虹——生活空间

在生涯彩虹图中，纵向层面代表的是由一组角色所组成的生活空间。舒伯认为人一生中必须扮演九种主要的角色，依次是：子女、学生、休闲者、公民、工作者、配偶、持家者、父母和退休者。比如开始的时候，我们是小孩，只知道吃和玩，长大后，我们读书，就有了学生的角色，后来我们走上工作岗位，就有了工作者的角色，接着我们还要成家立业，我们就有了持家者和更多的角色。

生涯彩虹图描绘了生涯发展阶段与角色间的相互影响和发展状况，我们也许无法改变生命的长度，但我们可以拓宽生命的宽度，以及加深对每一个角色的体验。

实证研究

做网络主播真的赚钱吗？

徐林枫等人（2019）[1] 认为平台经济改变了传统的劳动关系，将

1 徐林枫，张恒宇．“人气游戏”：网络直播行业的薪资制度与劳动控制 [J]．社会，2019，39(4)：61-83.

劳动建构为对闲暇时间的利用，比如将网约车司机的收入视为顺带行为产生的额外收入，将直播表述为“吃饭睡觉时间也能挣钱”。即使“全职主播”这一称呼表明主播已成为一种正式工作，主播的收入完全来自直播活动，但主播与平台方仍然没有签订正式的劳动合同，甚至主播自己也并未将其视为一份有稳定工资保障的正当工作。对主播来说，网络直播的收入更像一份额外的“红利”而非基本的劳动权益。行业的回报率不稳定成为网络主播的共识。媒体将直播行业塑造成一片蓝海，召唤越来越多的“淘金者”，但网络直播并未被参与者视为一种正式职业。

进一步阅读文献：

[1] 胡慧．生存之道：网络文学作者的劳动分化与主体实践 [J]. 中国青年研究，2020(12)：14–22.

[2] 沈原．劳工社会学三十年 [J]. 社会学评论，2020，8(5)：3–17.

[3] 王斌．自我与职业的双重生产：基于网络主播的数字化表演劳动实践 [J]. 中国青年研究，2020(5)：61–68.

理想与信念

做快乐的“勇士”，让青春在战疫中闪光

麦麦提艾力江·阿卜杜艾尼，男，共青团员，维吾尔族，武汉理工大学土木工程与建筑学院 2018 级本科生。2020 年初，已经放寒假并买好回家车票的他在新冠疫情暴发后坚定地选择坚守武汉，第一时间加入抗疫志愿服务队，为定点医院等运送物资 81 天，像石榴籽一样与武汉同胞紧紧抱在一起；疫情防控取得阶段性胜利之时，他再次放弃与家人团聚的机会，主动报名接种重组新冠疫苗（腺病毒载体），成为全球首批进入Ⅱ期试验阶段新冠疫苗接种志愿者，继续与病毒斗争 28 天，陪伴武汉“痊愈”。疫情期间，他累计志愿

服务 681 小时，服务 9000 余人，为抗击疫情做出了突出贡献。麦麦提艾力江同学以实际行动诠释了新时代大学生的责任担当，用真情奉献书写了奋斗筑梦的青春答卷。

麦麦提艾力江·阿卜杜艾尼的经历告诉我们：新时代需要新青年，新青年要有新使命。不管何时何地，我们都要坚定梦想、坚守初心、扎根成长，让青春之花绽放在祖国和人民最需要的地方。

（资料来源：中国大学生在线）

学习强国

青年身影闪耀扶贫一线

★全国大赛介绍★

中国高校 SAS 数据分析大赛

大赛目的

“中国高校 SAS 数据分析大赛”以“选拔高校数据分析人才”为核心主旨，通过国际化赛事，将领先的技术和理念毫无保留地传授给每个参赛学生，激发他们驾驭数据的潜能，促进了以 SAS 为分析工具的数学建模和数据分析的认识、应用和普及，提高学生数据分析应用水平，在数据建模领域与国际接轨。

举办单位

中国高校 SAS 数据分析大赛是由 SAS 中国公司发起的专门针对中国高校数据分析相关专业的一次非营利性的公益大赛，由中国科学软件网承办，数学中国网合作推广。

参赛对象

全国高校在校本科生和研究生组队参赛，每个参赛队伍的队员人数最多不超过 3 人，每个学校可以有多个队代表不同的学院参加比赛，可以跨专业、跨年级组队。赛区分配会具体通知参赛者，无区域限制。

比赛内容

1. 大赛比较偏重偏统计方法的应用，且大赛题目偏向非开放式的，每题都有题干。

2. 比赛更注重的是数据的分析，涉及的代码不多，而且 SAS 软件带的帮助资料非常详细，完全够用。

3. 大赛涉及的 SAS 模块包括 SASBASE、SASGraph、SASSTAT、SASETS、SASOR。

比赛规则

赛题由 SAS 公司技术专家直接命题，初赛 1 天、决赛 2 天，由 SAS 公司或协办单位提供相关软件、硬件环境以供比赛使用，比赛结束当天参赛队伍将相关文档或电子数据交给专家组相关负责人员；参赛队员可就比赛命题进行讨论、分工、配合，但不得以任何方式寻求参赛队以外人员协助完成命题；比赛结果由 SAS 公司组织专家组进行评审，评审以 100 分制进行打分。初赛阶段，专家组只针对出线队伍进行文字评审；决赛阶段，专家组只针对获奖队进行文字评审。

大赛阶段

大赛分初赛和决赛两个阶段，初赛分队伍以网络答题的形式展开。初赛前 100 强进入决赛，决赛分为线上报告提交和现场答辩两个环节。

网上练习

我该怎样了解一份工作？

即问即答

高等教育对未来发展的意义是什么？

上大学有什么意义呢？

第三章　大学里该学什么

金句

我们的学习应该是全面的、系统的、富有探索精神的，既要抓住学习重点，也要注意拓展学习领域；既要向书本学习，也要向实践学习；既要向人民群众学习，向专家学者学习，也要向国外有益经验学习。学习有理论知识的学习，也有实践知识的学习。

问题：你认为知识的标准是什么？什么是知识，什么是伪知识？一篇短文、一首歌曲、一张图片、一句广告语、一个英文单词、一段音频或视频小品中有没有知识？

什么是知识，什么是学习，这是大学学习要回答的两个首要问题。人类社会已进入网络时代，知识与学习发生了哪些变化，对教育教学将产生哪些深刻影响？王竹立总结知识发生了五大变化：

第一，知识结构由静态层级变成动态网络，在流动的过程中不断有新的信息与知识的注入，因此总量如洪水般地暴涨。其中很多信息与知识在还没有被人们普遍了解之前就被淘汰，新的信息与知识又如潮涌来。第二，知识呈现由抽象变为具象。今天信息与知识的表达与呈现方式变得更便捷、更直观，从而大大降低了理解与掌握的难度；另一方面，这也导致学习变成即学即用的快餐式过程，思维也因此变得浅薄与浮泛。第三，知识形态由硬变软，内涵与外延也不都是清晰的、固定的，而是边界模糊的、变化的；它们的价值随着时间的推移和情境的转变而出现上升或下降。第四，知识内容由整体变为碎片；知识点与知识点之间、知识单元与知识单元之间的联系被切断或弱化了，变成了相对独立存在的状态。第五，知识生产由单纯依靠人类变为人机合作。人工智能可以用语言、文字、符号或图像把发现的知识表达出来。那么，在这样的背景下，我们该如何学习呢？我们先来听听孔子是如何说的。

3.1 孔子对学习的阐释

孔子的学习观将学习过程与学习方法并重，形成了一整套极具特色的学习观体系。

1. 学习与思考并重

无思考的学习是被动学习，有思考的学习是主动学习。

《论语·为政》对此做了精辟论述："学而不思则罔，思而不学则殆。"《论语·卫灵公》道："吾尝终日不食，终夜不寝，以思，无益，不如学也。"《论语·季氏》说道："君子有九思：视思明，听思聪，色思温，貌思恭，言思忠，事思敬，疑思问，忿思难，见得思义。"明末清初的王夫之在《四书训义》卷六中作了更为详尽的阐释："致知之途有二：曰学，曰思……学非有碍于思，而学愈博则思愈远；思正有功于学，而思之困则学必勤。"

2. 学习要学会提问

《论语·公冶长》提出要"不耻下问"。没有问题，就没有学习，就没有学问。所谓学问，其实就是学会提问，只有学会提问，才能以批评的眼光来学会，而不是全盘接受。

推荐阅读：布朗的《学会提问——批判性思维指南》。

3. 学习要反复

孔子曰："学而时习之，不亦说乎？""温故而知新，可以为师矣。"曾子曰："吾日三省吾身：为人谋而不忠乎？与朋友交而不乎？传而不习乎？"朱熹《四书章句集注》解释曰："故者，旧所闻。新者，今所得。言学能时习旧闻，而每有新得。"这些智慧都告诉我们，学习不是简单记忆、考过就忘，而是一种练习，必须经过反复训练，一步一个脚印，方能有所精进。有的书，有的话，值得一读再读，"读书百遍，其义自见"。

4. 学习要融会贯通

《论语·述而》指出：“举一隅不以三隅反，则不复也。”这正是“举一反三”“闻一知十”的学习方法。同时，《论语·里仁》指出：“吾道一以贯之。”也就是从纷繁复杂的外部世界中看到背后一以贯之的规律和本质。

问题：你所学的专业知识可以迁移到生活中的哪些方面？

3.2 大学学习的特点

孔子的方法还适用于今天，适用于大学的学习吗？我们来看看大学的学习有什么特点。

1. 专业性

大学学习过程就是一个逐步进入专业轨道的过程。大学教学过程以传授专业理论知识和基本技能方法为主要任务。大学的教学过程实际上是为学生适应社会上某个具体职业要求而构建起一个专业的知识结构和技能结构的基本框架的过程。这个过程的显著特点就是其专业性、科学性和综合性，以及实用性，经过高等教育的学习之后，一个受过基础教育的人就变成了一个受过专业训练的人，成为劳动力市场上需要的可以从事某个职业的专业人才。

建构主义学习观认为，学习者本身已掌握的知识以独特的结构呈现，这些构成了学习者学习新知识的基础，同时每个学习者都或多或少受到外部环境的影响，因而影响新知识的学习。

2. 实践性

大学学习活动本身就是一种实践活动。学习的意义只有在实践中才能找到，学习的动力也只有在实践中才能增强。所以说，实践是大学学习中非常重要的一环，无论是从事生产实践还是从事科学研究和社会调查，实践不仅检验学习收获，而且能够强化学习收获。唯有通过实践，学习活动才有可能发生，所有的学习都是在实践中提出问题和探索问题的答案，一切为了考试的学习都不是真正意义上的学习。实践活动可以分为学习性实践、应用性实践和创新性实践三种。学习性实践活动，就是学习书本上的间接知识之后，通过亲自做练习题、做实验来理解和巩固所学知识，增强学习者对知识点的理解，加深对知识点的印象，促进对知识的内化和转化。应用

情境认知学习理论注重外部学习环境对于学习的意义，认为知识具有情境性，真实情境促使个体通过协作和互动的方式进行学习，学习者需要在情境中实现知识的获取与应用。

性实践就是运用专业知识解决工作场所的问题，顺利完成工作任务。创新性实践就是在专业领域从事创新或创业的活动。

3. 开放性

大学的教与学和中小学的教与学的不同之处，在于其开放性，即不拘泥于传统的、固定的或单一封闭的学习模式，而是面向社会、面向国际、面向未来，实行开放式的教与学。也就是说，无论你读哪个大学，在哪个地方，读哪个专业，这些外在条件并不能阻碍你学习新知，特别在信息交流如此便利，信息容量如此丰富，网络资源如此广博的今天，没有你学不到的，只有你想不到的，没有你学不会的，只有你不想学的。经过了全球新冠肺炎疫情，在线教育更为快速地发展起来，我们更加深刻地体验到学习资源的丰富，只要你想学，不会找不到学习的内容和渠道，所以说，心有多开放，你的世界就有多丰富。

联通主义学习观认为学习不是个人的学习，而是众多个人学习相互融汇成为一个学习网络，这些网络又构成更大的学习网络。

4. 自主性

大学阶段的学习，实际上逐步从老师强制性的要求学习变为了主要靠自己的自主性学习。随着学生年龄的增长、认知发展水平的提高，自主学习的程度也将逐步提高。在大学学习阶段，虽然学校有规范的教学计划，对所学课程作了具体的安排，但课后的时间，基本上是学生的自主学习时间，个人支配的时间还是很多的，自主学习的机会很多。即使是统一安排的学习课程，也要靠学生发挥自己的主观能动作用，进行自主的学习和研读。因此，自主学习是大学学习的又一特点。它一方面考验着学生的克制能力，另一方面又提高了学生的自我管理能力。因为在终身学习的阶段，学习不是离开学校就可以结束的，学习终归是自己的事，必须自己做主，自己寻找学习的内容，找到学习的动力，克服学习的阻力，所有这些未来需要的本领都在大学阶段的学习中能够得到积累。

3.3 大学的学习过程

大学学习阶段，可以根据学习内容的变化，分为四个阶段：

（1）通用基础课程阶段。这一阶段一般在大一，主要是学习公共的基础课程，包括专业基础课程，比如英语、数学和社科课程，思政、马列类的课程。这阶段的课程为后面的学习打下基础，是非常重要的阶段，也是高中过渡到大学的重要时期。在这个阶段，你需要了解大学的课程设置、课程内容，把基础打扎实，而很多大一新生往往会忽略这个阶段的课程，认为不重要，以至于没有打好基础，影响了后面课程的学习。

（2）专业基础课程学习阶段。这一阶段一般在大二，第一阶段的学习依然在继续，但这一阶段加入了专业的基础课程。作为通用的基础课程向专业基础课程的过渡，这个阶段显然要把第一阶段的学习成果引向专业领域，我们需要把两个阶段的内容做一个连接，才能看到基础课的内容在专业学习领域的意义与价值，从而进一步打好基础，为今后深入到专业的各个领域做好准备。这个阶段是一个转折，这一阶段没把握好，你将无法面对接踵而来的各门专业课程，如专业核心课程、专业主干课程、专业拓展课程等给你带来的学习压力。

（3）专业方向课程学习阶段。这一阶段一般在大三，是专业基础学习向纵深方向发展。在这个阶段，你需要了解专业的基础课程内容在当今社会的各个行业中有怎样的发展，在与人工智能的结合中有怎样的改变，在风云突变的国际社会中有怎样的未来。你需要关注在这个广阔的专业领域中有哪些细分的方向可能是你感兴趣的，你要从哪些专业的方向课程中努力找到答案并以此为目标，增强自己的专业技能，为走向社会做好准备，所以说，这个阶段是拓展阶段，无论是你的知识还是技能，这一阶段的积累将决定你毕业的走向。

问题：你的专业基础课有哪些？专业核心课有哪些？专业方向课有哪些？哪些课在你看来比较重要？

（4）综合实践阶段。这一阶段一般在大四，主要是毕业实习和毕业设计。在这个阶段，你综合运用所学知识解决现实生活中的研究问题，并能独立完成研究论文。这一阶段，主要是训练学生综合运用所学知识解决实际问题的能力，包括思维能力、分析能力、创新能力、实践操作能力等。

大学四个学习阶段各有侧重，却又紧密相连。基础课学习阶段也是培养和训练能力的过程，专业课学习阶段也同样学习和运用基础知识。因此，大学学习过程整体而言是一个积累知识、锻炼能力、提高素质的过程，是一个塑造人、完善人的过程，是一个由量的积累到质的飞跃的渐进过程。

3.4 大学的学习方法

5R记录法，又叫康奈尔笔记法，它的步骤包括记录、简化、背诵、思考和复习五步。

1. 记录（Record）。在听讲或阅读过程中，在主栏（将笔记本的一页分为左小右大两部分，右侧为主栏，左侧为副栏）内尽量多记有意义的论据、概念等。

2. 简化（Reduce）。下课以后，尽可能及早将这些论据、概念简明扼要地概括（简化）在回忆栏，即副栏。

3. 背诵（Recite）。把主栏遮住，只用回忆栏中的摘记提示，尽量完整地叙述课堂上学习的内容。

4. 思考（Reflect）。将自己的听课随感与讲课内容区分开。

5. 复习（Review）。每周花10分钟左右的时间，快速复习笔记，主要是先看回忆栏，适当看主栏。

1. 大学学习方法的专业共通性

尽管不同的专业有不同的学习方法，但对于基础课程，比如英语和数学来说，唯有多读、多听、多写、多算才能学好。对于不同学科的专业课程，学习方法也有很多共通之处。无论是人文社会科学还是自然科学，实践性学习都是非常有效且必要的，我们都是为了解决现实问题而学习的，因此，无论是什么学科的知识，用起来才是关键，特别是在当今大数据时代，与数据结合进行学习已成为许多学科发展的一个必然趋势。

2. 大学学习方法的方法至上性

方法，是针对内容而言的。也就是说，在现代社会，知识的更新与变迁都是过去社会无法比拟的。今天的大学生在大学要学的不是具体的某些固化的甚至是被社会淘汰的知识，而是要学会获得知识的方法，方法比内容更为重要。方法是你毕业后可以带到社会甚至是影响一生的，而那些课本的内容则具有时效性。学会学习在大学更为重要，所以说，对于高等教育来说，专业只是你锻炼学习能力的一个路径，你的目标是掌握学习方法，而不仅仅是记住那些专业知识。从更一般的意义来说，科学从本质上说是一种认识世界的方法，我们学习科学，其实就是学方法。

3. 大学学习方法的结果导向性

从以上两个特点可以看到，大学学习不是为学习而学习，大学的学习是有目的性的，但这个目的不仅仅是通过考试，因为不是所有的学习都有考试，也不是所有的考试都能检验学习成果。这个结果导向性告诉我们，不要再为考试而学习，那是高中的学习模式，那时有各种考试，考试就是指挥棒，高分就是一切。在大学就不一样了，未来的职场更不一样，更多的时候你根本没有考试，或者不知道有没有考试，即便有考试，也可能不知道考什么，怎么考，答案是什么。大学的学习或未来的学习一向不为考试，而是为自己，为改变自己和创造自身价值。

实证研究　　**什么行为能够影响学习结果?**

杜爽等人[1]采集了833名大学生的图书借阅和一卡通消费日志数据，构建学习绩效、借阅行为、早起行为特征指标，通过聚类和关联分析探究了两种学习行为对大学生学习绩效的影响和关系，结合元认知问卷建立群体学习行为与整体学习绩效和元认知之间的关联。研究结果显示：（1）两种行为均与学习绩效建立了相关关系，元认知发挥了中介作用；（2）早起行为主要反映出大学生元认知体验与计划水平，早起时间比早起规律更能反映与学习绩效的相关程度；（3）借阅行为主要反映大学生元认知思维活动监控和反思上的差异，阅读速度对学习绩效有显著影响，借阅量与阅读深度促进专业知识技能的掌握。

1　杜爽，飞云倩，何牧，等．大学生“早起”和“借阅”行为与学习绩效的关系研究[J]. 中国远程教育，2020(11)：47-58,77.

进一步阅读文献：

[1] 张湘韵 . 我国大学生学习力的特征研究［J］. 湖南师范大学教育科学学报，2016，15(2)：95–102.

[2] 杨院 . 以学习投入为中介：学生学习信念影响学习收获的机制探究——以“985 高校”本科生为例的分析［J］. 高教探索，2016(3)：75–78.

[3] 陆韵 . 文化社会学视域下的大学班级边缘人：内涵、困境及转化策略［J］. 高教探索，2015(8)：125–128.

理想与信念

以“智”报国 “起重”大国未来

南开大学人工智能学院直博生卢彪，是南开大学学生最高荣誉“周恩来奖学金”获得者，是“天津市大学生年度人物”第一名。他曾带领团队一举斩获“互联网 +”国赛金奖。他立志科研报国，已发表高水平论文 23 篇，获 3 项发明专利授权。他作为核心成员，跟随导师研发的智控项目荣获我国人工智能领域最高奖并入选“中国智能制造十大科技进展”。他有志于打造具有完全自主知识产权的智能化控制系统，相关研究成果已在天津港合作启动……卢彪正在一步一个脚印地书写着一个工科博士生的爱国奋斗篇章。只因他有一个坚定的信念：“爱国，就要让祖国更强大！”

卢彪的经历告诉我们：只有将个人命运与国家民族命运紧密相连，在为国家发展贡献智慧力量的过程中才能更好地实现人生价值。

（资料来源：中国大学生在线）

学习强国

专家热议“十四五”与青年发展

★全国大赛介绍★

全国大学生人力资源管理知识技能竞赛

竞赛简介

为全面落实《国家中长期教育改革和发展规划纲要(2010—2020 年)》，进一步推进实践育人工作开展，加强就业创业教育、促进创新人才成长，推动经管类专业的实践教学改革，提高人才培养质量，搭建全国各高校专业交流平台，中国人力资源开发研究会决定举办全国大学生人力资源管理知识技能竞赛。

主办单位

中国人力资源开发研究会大学生知识技能竞赛理事会主办。

竞赛内容

主要分为职场实战、无领导小组、案例分析和实务设计四个主要环节，并设有英文介绍演讲和基础知识抢答加分项。

竞赛形式

竞赛分为大区赛和全国总决赛。各报名高校代表队根据所处地域位置参加地区分赛，地区分赛在 9、10 月份六个工作周中依次举行（部分赛区时间安排有重叠），地区分赛中表现优异的前四所高校代表队将代表本地区参加 11 月下旬在京举办的全国总决赛。

参赛对象

正式注册的全日制本科生、研究生。

比赛时间

一年一次，9 至 10 月为地区赛，11 月下旬为全国总决赛。

网上练习

什么样的生活是我向往的？

即问即答

如何规划自己的大学学习生活？

如何规划自己的大学学习生活？

问题：你在过往的学习中掌握了哪些行之有效的学习方法？晒晒吧！

第二部分　学业规划与职业规划

第四章 工作世界是什么样的

金句

中国是世界第二大经济体，有13亿多人口的大市场，有960多万平方公里的国土，中国经济是一片大海，而不是一个小池塘。大海有风平浪静之时，也有风狂雨骤之时。没有风狂雨骤，那就不是大海了。狂风骤雨可以掀翻小池塘，但不能掀翻大海。经历了无数次狂风骤雨，大海依旧在那儿！经历了5000多年的艰难困苦，中国依旧在这儿！面向未来，中国将永远在这儿！

2015年，你一定还记得“世界这么大，我想去看看”这封只有十个字的被网友称为“史上最具情怀，没有之一”的辞职信吧。外面的世界确实有着无限的精彩，只是我们不需要都用这种方式来实现“看”世界的梦想。事实上，了解外部世界，特别是我们身处的这个时代、我们这个社会、我们所生活的城市，以及我们向往的职业，这是大学阶段一个非常重要的生涯任务。在上大学之前，我们的主要任务是读书、考试，真正接触社会、了解现实职场的机会并不多。进入大学后，如果再不把握机会好好探索，就很容易对未来的社会和工作抱有不切实际的幻想或错误的认识，从而产生逃避或恐惧等不良心理。我们有必要对时代的变化和工作环境的变化作一次系统的了解，学会构建自己对外部世界基本特征的认识框架，让自己在做任何生涯决策时有一个整体化的思考体系。这种多视角、系统化

世界经济论坛创始人兼执行主席、德国经济学家施瓦布（Schwab）认为，人工智能（Artificial Intelligence，AI）等信息技术的发展将颠覆几乎所有国家的所有行业，带来新的技术革命，并将其称为第四次工业革命。

的思维方式也是生涯规划教育能够提升我们的地方。本章将详细地介绍影响生涯发展的几个关键因素，以期帮助大家客观科学地看待工作世界，并掌握探索的一般途径方法。

工作世界的探索应包括行业的探索，包括行业的分类、行业的信息及行业的发展周期；企业的探索，包括企业的分类、企业的文化；职位的探索，包括职位的工作内容和对人的要求等。因此，完整的职业信息应包括行业、企业、岗位这三者的结合。

4.1 行业现状探索

1. 行业的分类

《国民经济行业分类》（GB/T 4754–2017）将行业划分为 20 个行业门类，97 个大类，473 个中类，1380 个小类。20 个行业门类为：

A. 农、林、牧、渔业

B. 采矿业

C. 制造业

D. 电力、热力、燃气及水生产和供应业

E. 建筑业

F. 批发和零售业

G. 交通运输、仓储和邮政业

H. 住宿和餐饮业

I. 信息传输、软件和信息技术服务业

J. 金融业

K. 房地产业

L. 租赁和商务服务业

M. 科学研究和技术服务业

N. 水利、环境和公共设施管理业

O. 居民服务、修理和其他服务业

P. 教育

问题：你所学的专业毕业后一般都到哪些行业就业？

Q. 卫生和社会工作

R. 文化、体育和娱乐业

S. 公共管理、社会保障和社会组织

T. 国际组织

2. 行业信息探索

（1）行业现状及发展趋势。国家各级行业主管部门或者社会研究机构每年都会推出各种行业分析报告，这就是了解行业现状和发展趋势的最好资料。

（2）行业人才需求状况。各行各业都有其准入门槛以及对人才素质能力的基本要求，了解行业人才需求状况是进入行业的前提。行业的人才需求状况可以从宏观和微观两个层面来描述。宏观层面的行业人才需求主要是指行业人才需求的总体数量和结构；微观层面的行业需求是这个行业人才胜任能力标准，如人才发展前景、人才培养目标及人才晋升路径。

问题：什么行业社会声望高？这些行业有什么特点？

（3）行业的社会评价与社会声望。多倾听社会各界人士对该行业的评价，了解该行业的整体社会声望，也是进行职业选择与规划的参考依据。对行业的评价向来都是仁者见仁智者见智，行业的社会声望也是褒贬不一，在不同的评价影响下，同学们应尽可能客观地认识行业的现状。

问题：你所熟悉的行业有哪些代表人物？

（4）行业代表人物。各行各业都有代表人物，通过调研行业代表人物的先进事迹、成长历程，可以加深对该行业的认识与了解。相反，了解行业反面典型的失败经历，也能从侧面知道行业存在的风险与弊端，树立对行业全面、客观的认识。

问题：你所向往的行业有哪些规范和标准？

（5）行业规范及标准。每个行业都有行业标准及规范，这些规范可能是透明的，也可能是潜在的；这些标准有可能是国家制定的，也可能是行业内部制定的，行业的规范及标准代表了行业的人才准入门槛以及从业人员基本守则。

问题：你所向往的行业有哪些知名企业？

（6）行业知名企业名录。行业知名企业一般是该行业发展的缩影，代表了该行业的最高发展水平，因此了解行业的标杆企业是了解该行业的最好方法。

3. 产业生产周期

问题：企业的发展周期与人的发展周期是不是一样的？

（1）初创期。在这一阶段，由于新产业刚刚诞生或初建不久，只有为数不多的创业公司投资这个新兴产业，由于初创阶段行业的创立和产品的研究、开发费用较高，而产品市场需求狭小（因为大众对其尚缺乏了解），销售收入较低，因此这些创业公司可能不但没有盈利，反而普遍亏损。

（2）成长期。在这一个时期，拥有一定市场营销和财务力量的企业逐渐主导市场，这些企业往往是较大的企业。在成长阶段，新产业的产品经过广泛宣传和消费者的试用，逐渐以其自身特点赢得了大众的欢迎或偏好，市场需求开始上升，新产业也随之繁荣起来。与市场需求变化相适应，供给方面相应地出现了一系列变化。由于市场前景良好，投资新产业的厂商大量增加，产品也逐步从单一、低质、高价向多样、优质和低价方向发展，因而新行业出现了生产厂商和产品相互竞争的局面。

（3）成熟期。产业的成熟期是一个相对较长的阶段。在这一时期里，在竞争中生存下来的少数大厂商垄断了整个行业的市场，每个厂商都占有一定比例的市场份额。由于彼此势均力敌，市场份额比例发生变化的程度较小。厂商与产品之间的竞争手段逐渐从价格手段转向各种非价格手段，如提高质量、改善性能和加强售后服务等。

（4）衰退期。这一时期出现在较长的稳定阶段后。由于新产品和大量替代品的出现，原产业的市场需求开始逐渐减少，产品的销售量也开始下降，某些厂商开始向其他更有利可图的产业转移资金。因而原产业出现了厂商数目减少、利润下降的萧条景象。至此，整个产业便进入了生命周期的最后阶段。在衰退阶段，厂商的数目逐步减少，市场逐渐萎缩。

问题：你希望进入的行业处于哪个阶段？

4. 如何快速了解一个行业

问题：你一般通过什么方式了解一个行业？

第一，了解行业发展的整体态势。首先通过行业研究报告、关键词搜索获取基本信息，比如可以查看咨询公司的报告、学术论文来了解行业整体态势。

第二，关注业内企业的排名，包括排名的标准、近年排名变化、龙头企业 1~3 年的大事件。对行业有大体认知后，可以通过关注龙头企业的动态抓行业的主脉络，跟进行业的最新动态。

第三，把握创业风口，站在未来看现在。在关注大公司动态的同时，不妨跟进行业的创投动态，了解最新的投资趋势，知道你关注的行业中，有哪些新兴的风口。

第四，从本行业拓展至相关行业，了解产业链上下游企业的产品、服务和商业模式等。任何企业都是整个产业链中的一环，我们可以用整体思维的方法思考产业链条的运转，以及目标公司在产业链中所扮演的角色。

5. 人工智能对各行业的影响

人工智能被认为是第四次工业革命的核心技术代表，将在可见的未来，改变商业模式和劳动力市场。几乎现有的所有行业都会和机器智能叠加组合成为一个全新的行业。在融入人工智能的新行业中，标准化程度高的机械性劳动（比如大部分装订装配工作、搬运）、规则性强又协作关系简单的智力活动（比如银行柜台、高速公路收费站、出纳等）都会被人工智能所取代。高端技术人才（大数据、人工智能、程序编写者、生物科技等）、复杂模式判断者（需要强大的思维逻辑和模糊情景判断能力，如政治家、企业管理者、投资人、高级技能型人才等）、创意工作者（为追求趣味、发掘人类爱好而创作的，如艺术家、音乐家、导演、作家、演员）以及人际服务者（通过深度的人与人互动的服务来工作的，如高端服务业、高端手工业、厨师、心理咨询师等）将会有更多的工作机会。

4.2 企业现状探索

> 问题：你认为企业与家有什么联系和区别?

1. 企业性质的分类

关于公司、企业的种类，《中华人民共和国公司法》《中华人民共和国中外合资经营企业法》《中华人民共和国中外合作经营企业法》《中华人民共和国外资企业法》等法律及有关法规有相关规定。企业法人包括全民所有制企业（即国有企业）、集体所有制企业、联营企业、三资企业、私营企业及其他企业。公司种类又分为有限责任公司和股份有限公司两种，其中有限责任公司又分为国有独资公司和非国有独资公司。从广义上讲，国有公司以出资情况来加以区分，可以分为国有独资公司、国有控股公司和国有参股公司。

2.企业的文化

价值观念。企业的价值观是指企业职工对企业存在的意义、经营目的、经营宗旨的价值评价和为之追求的整体化、差异化的群体意识，是企业全体职工共同的价值准则。因此，企业价值观决定着职工行为的取向，关系企业的生死存亡。只顾企业自身经济效益的价值观，会偏离社会主义方向，不仅会损害国家和人民的利益，还会影响企业形象。

> 问题：你认同什么样的企业价值观？这样的企业一般是什么性质的？

团体意识。团体即组织，团体意识是指组织成员的集体观念。团体意识是企业内部凝聚力形成的重要心理因素。企业团体意识的形成使企业的每个职工把自己的工作和行为都看成实现企业目标的一个组成部分，使他们对自己作为企业的成员而感到自豪，对企业的成就产生荣誉感，从而把企业看成自己利益的共同体和归属。因此，他们就会为实现企业的目标而努力奋斗，自觉地约束与实现企业目标不一致的行为。

> 问题：你希望与什么样的人在一起工作？比如说什么性别，什么年龄，什么性格，什么能力？

企业形象。企业形象是企业通过外部特征和经营实力表现出来的，被消费者和公众所认同的企业总体印象。由外部特征表现出来的企业的形象称表层形象，如招牌、门面、徽标、广告、商标、服饰、营业环境等，这些都给人以直观的感觉，容易形成印象；通过经营实力表现出来的形象称深层形象，它是企业内部要素的集中体现，如人员素质、生产经营能力、管理水平、资本实力、产品质量等。

> 问题：你一般通过什么途径了解一个企业的形象？这种方式是否客观公正？

企业制度。企业制度是在生产经营实践活动中所形成的，对人的行为具有强制性，并能保障一定权利的各种规定。企业制度作为职工行为规范的模式，使个人的活动得以合理进行，内外人际关系得以协调，员工的共同利益受到保护，从而使企业有序地组织起来为实现企业目标而努力。

4.3 职业分析

职业信息网络是一项由美国劳工部组织开发并在 1998 年开始推出的职业信息系统。它吸收了像 PAQ、CMQ 等多种岗位分析问卷的优点，目前已取代了原来的职业名称词典 (DOT)，成为美国广泛应用的岗位分析工具。

（1）职业描述。职业描述是对职业最精练的概括和总结，是透彻理解职业和调研职业的基础。

（2）职业的核心工作内容。就是这个职业一般都干什么活，什么工作是这个职业必须做的。

（3）职业的发展前景及对社会的影响。职业的发展前景是国家、社会对这个职业的需求程度，这取决于职业在国家现阶段发展中的作用、职业对社会的影响以及对生活领域的影响。

（4）薪资待遇及潜在收入空间。职业是社会分工的产物，职业根据参与社会分工的量来确定相应的报酬，在不同的行业、企业、岗位上还有一些潜在的收入空间。

（5）基础岗位及职业发展道路。你要了解哪些中低端岗位是面向大学生开放的，这些岗位对应的日后职业发展道路是什么。

（6）职业通用素质要求。通过认真阅读岗位描述，对比自己是否能够胜任，还有哪些要加强和补充的能力，从而更好地规划大学生活。

4.4 职业人物访谈

推荐阅读：许知远的《十三邀：我们时代的头脑与心灵》。

职业人物访谈是获得具体职业生涯详情最有效的方法之一，是对处在感兴趣职位上的人进行访谈。职业人物访谈能够有效收集信息，在效率和信息的真实性上有比较好的平衡。它能帮助求职者（尤其是在校大学生）检验和印证以前通过其他渠道获得的信息，并了解与未来工作有关的特殊问题或需要，如潜在的入职标准、核心素质要求、晋升路径和工作者的内心感受，这些信息也是通过大众传媒和一般出版物得不到的。

做好职业人物访谈，需要遵循以下七个步骤：

第一步，确定访谈内容。首先要明确的是希望通过访谈了解什么内容，是行业、企业方面的信息，还是职业、职位方面的信息。

第二步，寻找访谈对象。可通过老师、家人、校友等的推荐，也可以按照自己的意愿去主动寻找，还可以通过网络找到访谈对象。注意访谈对象的结构，应该既有初入职场的从业者，也有已工作一定年限的中高层人士。

第三步，决定访谈的方式。包括面对面访谈、电话访谈和书面访谈等。可以先向被采访者预约，预约时首先要介绍自己，然后说明找到他的途径、自己的采访目的、感兴趣的工作类型以及进行采访所需要的时间（通常是 20 ~30 分钟）。如果访谈对象无法应约，可以礼貌地询问能否推荐类似的人选。不管是否成功，都要表示感谢。

第四步，准备访谈的清单。为了提高访谈效率，要根据不同的访谈对象和内容任务设置不同的访谈清单。正式访谈前，对职业人物的信息掌握得越全面越好。

第五步，进行正式访谈。访谈时要灵活变通，可以视实际情况适当增加或减少一些问题，不要按照清单顺序机械提问，要尊重被访谈对象的感受，当涉及年龄、职务、收入、家庭等敏感话题时，需要仔细考虑措辞，注意观察被访谈者的工作环境，感受真实的工作氛围。

第六步，结束访谈。访谈结束时，要礼貌地表示感谢，可以赠送一些自己的作品、所学专业的宣传资料或小礼物给对方，在访谈结束后一天之内，发一个短信表示感谢，或写一封感谢信给被采访者，并简要小结自己的访谈收获。

第七步，整理访谈的结果。访谈结束后，要及时整理、分析和归纳访谈记录，并确定是否要进行后续或其他的访谈。

职业探索范例

我的职业目标是当一名房地产销售的培训师。

从小我就有一个舞台的梦想。我出生时只有3斤多，能活下来已是一个奇迹，而我今天以最好的姿态站在大家面前实则凝聚了家人、老师与朋友在我成长中所付出的让我无法回报的帮助和爱护，这份让我感动与温暖的力量像黑暗中的烛光，使我坚信：我的使命就是用爱与人性的光芒驱除阴霾，让更多的人也能像我一样感受到这种幸福与快乐。

为了让大家更好地了解我，我将从工作、生活和测评三个方面来描述自己。

首先，在工作中，我是一个不怕吃苦、勇于担当、敢于负责、坚持到底的人，不管是作为班长，还是院学生会的一员，都要处理工作中的诸多烦琐事情。对于刚入大学的我来说，真是一个巨大的挑战。日子总是事情堆着事情，问题叠着问题，但我从未退缩，因为我知道，能打败自己的永远是自己的怯懦。

其次，在生活中，我是一个喜欢交际、善于表现、热心助人、活泼开朗的人，只要有我在的地方就有笑声和欢乐，即使在最艰难、最绝望、最无助的场合，我也要以我的微笑与坚强穿透所有的困难与坚冰。

最后，在测评结果中，我是一个外向，喜欢说服，有较强的感染力和追求成就的一个人，这与工作和生活中的我是基本吻合的。

也就是说，勇敢、乐观、包容，就是我最鲜明的特点。

下面我将跟大家分享我对培训师这一职业的认识。

伟大的管理宗师德鲁克在其著作《下一个社会》中预言：人类历史上有两次伟大的革命，一次是工业革命，二次是信息革命。在职教育将成为人类电子商务时代最大的产业。在信息快速流通的时代，全世界进入了后学历教育时代，也就是在职教育时代、终身学习时代。

而这些年培训行业的发展趋势在我看来有以下三点：

从感性盲从走向理性实效。从20世纪90年代中后期开始，以刘光起的A管理模式、陈安之的成功学、余世维的通用管理课程等为代表的培训流派开始流行，各地兴起培训热潮。这一时期由于大家对培训缺少认识，对培训需求也缺乏了解，参加培训者要么是单位出钱，自己去应付差事，要么是听别人的介绍后去参加，培训的目的是感性的，行为往往是盲从的，有的是学到一大堆理论知识回去不知道如何去用，有的则是课堂激动，回去乱动，过几天一动不动，甚至是培训中毒，适得其反。

从流行通用型公开课到流行针对性的内训。最近两年一些培训机构面对企业的需求变化开始主动进行业务转型，其中市场细分、走专业化方向就是一种比较好的路径。比如按照金融行业、食品行业、建设施工行业等进行市场定位，进行行业研究，研发行业课程，从而提高培训的针对性。

从培训方式的单一化到培训方式的多元化。以往的培训主要是老师讲解式的课堂培训，形式单一，效果有限。随着互联网的迅速发展和培训行业竞争的加剧，培训方式也发生了巨大的变化，例如，以《销售与市场》为代表的纸质专业杂志；以“第一营销网”“中国营销传播网”为代表的专业网站；以“聚成华商学院”“中国总裁培训网商学院”为代表的网络商学院，越来越受到企业总裁和营销人的喜爱。

目前，如何界定培训师尚无统一标准。上海市劳动和社会保障局开发的培训师职业标准中，对培训师作了如下界定：“培训师是在任何类型的组织中，能够运用现代培训理念和培训手段，策划、开发、营销培训项目，制订、实施培训计划，从事培训教学、培训管理和培训咨询活动的人员。”企业培训师的界定着重强调了培训师应具备的基本条件：培训理念、培训手段、培训方法及培训项目策划。那么，一个优秀的培训师应具备哪些素质呢？

1. 有正确的人生价值观

人生价值目标涉及“人为什么活着”的问题，它是人生价值观的核心，决定着人生价值观的性质与方向，指导着人生道路的选择，推动着人生实践的进程。人生价值观的进步与落后、高尚与渺小，从根本上取决于人生目标的不同。

2. 有扎实的文化功底

做培训不是简单的加减法，也不是一朝一夕就能上去的。正所谓台上一分钟，台下十年功。没有过硬的基础，没有扎实的文化功底，要成为优秀的培训师也只是痴人说梦。直销人员来培训，不是来了解企业制度、产品状况的，这些直销商可以教授，他们是来感受培训师的独特魅力的。从哪里展示培训者的魅力？文化的积累、自身的素质就是文人手中的笔，花匠手中的剪刀。

3. 有丰富的销售经验

有人说，经验只不过是人生的一种历程，没有一点实际价值。这句话对销售培训来说是非常错误的。一个有着丰富销售经验的培训师，他在培训销售人员时，有切身的经历传授给员工。能够动之以情，真正讲到做销售的人的心坎里，有力地触动人的内心深处，挖掘出员工的最大潜能。

我知道规划不等于规定，我一直对未来保持开放的心态，未来社会有许多东西是我无法左右的，我无法预测会在哪个阶段实现这个目标。但这并不影响我对爱与助人的追求。我相信我所有的努力都不会白费，正所谓“功不唐捐”，就像这场比赛，从学院选拔到学校决赛，我发现自己之所以能走到最后，不一定是自己真的规划得很好，而是自己的坚持，在这个过程中，我对自己看得越来越真实，对生活的态度也越来越积极，我相信与其诅咒黑暗，不如点亮蜡烛，我愿做这烛光，给更多的人带去温暖和希望。

实证研究

短视频平台上的劳动者幸福吗?

何威等人[1]发现，在短视频平台上从事创意劳动成为当今中国越发常见的新现象。然而关于短视频创意劳动者的人群构成和劳动状况、关于这种新型劳动对劳动者身心健康的影响及对社会的宏观影响，目前还鲜见相关的大规模实证研究。研究者针对国内最大短视频平台之一抖音 App 上 121234 名拥有万名粉丝以上的创作者开展问卷调查，最终取得 2375 份有效样本，了解其在人口统计信息、工作方式、收入状况和满意度、工作满意度、生活质量、心理状态变化等方面的情况。研究发现：首先，短视频创意劳动可以为劳动者带来切实的收入，却不够令人满足。其次，劳动者之所以选择从事短视频创作、传播与运营，不仅是为了赚钱；劳动者的工作喜好度、工作满意度、对工作平台的满意度、对自己生活质量的评价都相当高，其心理状态也显著地变得更好。因此短视频创意劳动增进了劳动者的福祉与获得感。再次，宏观来看，短视频创意劳动为个人与行业赋能，使劳动者更加亲社会，转变为创意企业家，推动创意行业集群发展，建构创意领域，培育创新的社会生态。

进一步阅读文献：

[1] 蔡润芳. 平台资本主义的垄断与剥削逻辑：论游戏产业的“平台化”与玩工的“劳动化”[J]. 新闻界，2018(2)：73-81.

[2] 胡慧，任焰. 制造梦想：平台经济下众包生产体制与大众知识劳工的弹性化劳动实践——以网络作家为例[J]. 开放时代，2018(6)：178-195，10.

[3] 贾文娟，钟恺鸥. 另一种娱乐至死？——体验、幻象与综艺娱乐节目制作过程中的劳动控制[J]. 社会学研究，2018，33(6)：159-185，245.

1 何威，曹书乐，丁妮，等. 工作、福祉与获得感：短视频平台上的创意劳动者研究 [J]. 新闻与传播研究，2020，27(6)：39-57，126-127.

理想与信念 精益求精铸造强国重器、矢志不渝心向浩瀚星空

抬头仰望天空，人们能看到艳阳高照、云卷云舒，也能看到皓月当空、繁星点点。而在孙书剑的眼中，除了这些自然现象，还能看到人类航天 60 年以来 5000 余个人造航天器一刻不停地高速划过天际，将人类的视野和眼界不断扩大到更高的尺度，让人类愈加了解自己所在的星球和整个宇宙。在这些航天器中，有孙书剑自己付诸心血参与研制的近十颗卫星遨游于天际，为祖国航天科技作出了一定的贡献。

孙书剑的经历告诉我们：前行的道路永远没有止境，正如我们抬头仰望的太空，也如人类探索太空的脚步，不断迈向远方。他是中国航天事业的传承者，用青春和热血向浩瀚宇宙传递“中国名片”；他是制胜未来的新一代航天人，用智慧和知识践行科技强国的梦想！

（资料来源：中国大学生在线）

学习强国

大国远景，离青年有多近？

★全国大赛介绍★

全国大学生广告艺术大赛

竞赛简介

全国大学生广告艺术大赛（简称“大广赛”）自 2005 年首次举办至今，遵循“促进教改、启迪智慧、强化能力、提高素质”的大赛宗旨，成功举办了 12 届 13 次赛事。第 11 届大广赛全国共有 1504 所高校参与，超过百万学生提交作品。大广赛发挥了大学生群体的智慧和创造力，培养了大学生的创新意识和解决问题的能力，展示了新一代大学生的学识水平和精神风貌，迄今为止已成为规模庞大、覆盖高等院校广泛、参与师生人数众多、作品水准高的全国性高校学科竞赛。

参赛作品分为平面类、视频类、动画类、互动类、广播类、策划案类、文案类、营销创客类、公益类九大类。

主办单位

全国大学生广告艺术大赛组委会、中国传媒大学、大广赛文化传播（北京）有限公司共同举办。

竞赛内容

大广赛整合社会资源、服务教学改革，以企业真实营销项目作为命题，与教学相结合，真题真做，指导学生了解受众，调研分析，提出策略，现场提案，实现教学与市场相关联；大学与企业、行业交互，线上、线下互动分享、交流，提升了学生实践能力，产生了大量优秀作品。

竞赛形式

大广赛采取学校初选、赛区评选、总赛区评审的形式。各赛区将获等级奖的作品报送大广赛组委会参加全国总赛区评审。获各赛区奖项的作品由各赛区颁发获奖证书，获得全国总赛区奖项的作品由全国大广赛组委会颁发证书、奖牌、奖品或奖金。

参赛对象

全国各类高等院校在校全日制大学生、研究生均可参加。

网上练习

我感兴趣的工作是什么?

哪些网络资源可以找到职业世界的信息?

即问即答

哪些网络资源可以找到职业世界的信息?

第五章 我适合什么工作

金句

我们要大力弘扬与时俱进、锐意进取、勤于探索、勇于实践的改革创新精神，争当改革的坚定拥护者和积极实践者，用自己勤劳的双手在改革实践中创造更加幸福的生活。

从教育心理学的角度来说，学习兴趣是一个人倾向于认识、研究获得某种知识的心理特征，是可以推动人们求知的一种内在力量。学生对某一学科有兴趣，就会持续地专心致志地钻研它，从而提高学习效果。一般来说，人从儿时开始都带有一些“研究”精神。比如，小皮球拿在手里，他就要拍它、捏它、看它滚动、看它跳。从儿童眼光来看，宇宙中的万物，没有一种不是新鲜有趣，值得玩弄、观察、研究的。可见，有趣往往是人为客观世界所吸引而产生的结果。具有个性特征的学习兴趣，与高尚的理想和远大的奋斗目标相结合时，兴趣就发生了飞跃，而成为志趣。志趣是学习兴趣的归宿。志趣可以决定一个人的进取方向，奠定事业的基础。健康的兴趣和爱好可以使我们更加热爱生活，珍惜时光；使我们的生活变得积极向上，充满正能量，能够让我们感受到生活充实和世间的美好。有了兴趣爱好，你会发现时间一下子变得珍贵无比，你不再空虚、无聊，没有时间胡思乱想，更没有时间去参与那些百无聊赖的聚会，也不会一个人在街上闲逛，你变成了一个忙而充实的人。健康的兴趣和爱好，还可以使我们愿意克服各种各样的困难，培养我们顽强的毅力，让

人格特征是相对稳定的思想、感受和行为模式，体现了个体在某种情境下以某种方式作出反应的倾向。

我们能够沿着自己的目标坚强地走下去。除了兴趣以外，我们的性格、价值观都会对职业的选择产生影响，我们需要了解我是怎样的人，喜欢怎样的工作环境，我想成为怎样的人，希望通过职业实现什么人生理想和追求。当我们的兴趣、性格、价值观与职业相匹配时，我们就会从工作中收获快乐和幸福。

5.1 霍兰德类型理论

1. 六种类型

约翰·霍兰德是美国约翰·霍普金斯大学的心理学教授，美国著名的职业指导专家。

约翰·霍兰德是这样看待兴趣与职业的关系的：

①职业选择是个人人格的延伸，个人的行为是人格与环境交互作用的结果，职业选择也是人格的表现。

②人的兴趣也可以是多种兴趣的组合，比如一个人喜欢研究，但研究的是社会问题，他可能就是一个社会科学研究人员。社会科学研究人员就是研究型和社会型的组合。

③人格形态与行为形态影响人的择业及其对生活的适应，同一职业团体内的人有相似的人格，因此他们对很多情境与问题会有相类似的反应方式，从而产生类似的人际环境。

普立德格（Prediger）在霍兰德六边形模型的基础上加上人和物维度、数据和观念维度，使职业的类型和性质有机地结合起来。

④人可区分为六种兴趣类型（即兴趣组型）：现实型（Realistic Type，R）、研究型（Investigative Type，I）、艺术型（Artistic Type，A）、社会型（Social Type，S)、企业型（Enterprising Type，E)和传统型（Conventional Type，C）。每个人的人格属于其中的一种。这六种类型按照一个固定的顺序可排成一个六角形（RIASEC）。

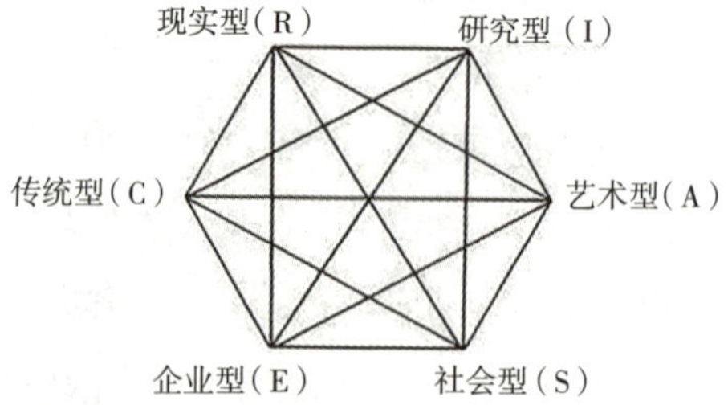

⑤人所处的环境也可相应分为六种类型，即现实型、研究型、

艺术型、社会型、企业型和传统型。六种人格类型和六种与之相对应的工作环境模式如下表。

类型	特点描述	典型职业
现实型（R）	此类型的人具有顺从、坦率、谦虚、自然、实际、有礼、害羞、稳健、节俭、物质主义的特征 行为表现上：爱劳动、有机械操作的能力。喜欢做和物体、机械、工作、动物、植物有关的工作，是勤奋的技术家	人际要求不高的技术性工作，如劳工、机械员、工程师、电工、飞机机械师
研究型（I）	此类型的人具有分析、谨慎、批评、好奇、独立、聪明、内向、条理、谦逊、精确、理性、保守的特征 行为表现上：有数理能力和科学研究精神。喜欢观察、学习、思考、分析和解决问题，是重视客观的科学家	具备思考能力和创造能力，社交要求不高，如科研工作者，从事生物、医学、化学、物理、地质、天文、人类等研究的科学家、工程师
艺术型（A）	此类型的人具有复杂、想象、冲动、独立、直觉、无秩序、情绪化、理想化、不顺从、有创意、富有表情、不切实际的特征 行为表现上：有艺术、直觉、创作的能力。喜欢用想象力和创造力，从事美感的创作，是表现美的艺术家	艺术性的，直觉独创性的，从事艺术创作的，如作家、音乐家、画家、设计师、演员、舞蹈家、诗人
社会型（S）	此类型的人具有合作、友善、慷慨、助人、仁慈、负责、圆滑、善社交、善解人意、说服他人、理想主义、富洞察力的特征 行为表现上：有教导、宽容，以及与人温暖相处的能力。喜欢与人接触，以教学或协助的方式，增加他人的知识、自尊心、幸福感，是温暖的助人者	与人打交道的，具备高水平沟通技能，热情助人的，如教师、心理师、辅导人员
企业型（E）	此类型的人具有冒险、野心、独断、冲动、乐观、自信、追求享受、精力充沛、善于社交、获取注意、知名度高等特征 行为表现上：有领导和说服他人的能力。喜欢以影响力、说服力和人群互动，追求政治或经济上的成就，是有自信的领导者	管理、督导、具有领导力，善于言行，有说服力，如企业经理、政治家、法学家、推销员
传统型（C）	此类型的人具有顺从、谨慎、保守、自抑、顺从、规律、坚毅、实际、稳重、有效率、缺乏想象力等特征 行为表现上：有敏捷的文书和计算能力。喜欢处理文书或数字数据，注意细节、按指示完成琐碎的事，是谨慎的事务家	注重细节，讲究精确，办公、事务性的，如银行人员、财税专家、文书处理、秘书、数据处理人员

问题：你认为人格与环境的关系是什么？是环境造就了人格，还是人格选择了环境？

⑥霍兰德认为：环境造就了人格，人格反过来又影响着个体对职业环境的选择与适应；人们总是寻找能够施展其能力与技能、表现其态度与价值观的职业；职业满意感、稳定性和职业成就取决于个体人格类型和职业环境的匹配与融合；职业行为是人格与环境相互作用的结果。

在六角形模型中任何两种职业类型之间的距离越近，其职业环境及人格特质的相似程度就越高，例如企业型和社会型距离最近，它们的相似性也最高，又如社会型和企业型的人都较其他类型的人更喜欢与人打交道。而企业型和研究型则具有最低程度的相似性。

六角形模型也表明了6种人格特质类型之间的一致性，一种人格（兴趣）类型与其相邻的类型组成了一个最一致的模型如“RIC”。而人格特质类型相反的模型如“企业型与研究型”“传统型与艺术型”等，分别距离最远，其一致性最低。传统型的人多墨守成规，而艺术型的人则富有创新精神；传统型的人擅长自控，而艺术型的人则擅长表达等。

人与所选职业的适应与匹配也可从该模型中得以体现。六角形模型可以帮助我们对人格（兴趣）类型与职业环境类型之间的适配性进行评估，例如一个社会型人格特质占主导地位的人在一个社会型的职业环境中工作会感到更舒畅，但如果让他在一个现实型的工作环境中工作，他可能会感到不舒服、不满意。

大多数人都属于六种职业类型中的一种或两种以上类型的不同组合，某种人格（兴趣）类型或类型组合的个体在与之相对应的职业类型或类型组合中最能满足其职业需求，表现职业兴趣，发挥职业能力。

一种职业有它的主要兴趣类型，一个人会同时有几种职业兴趣，关键是要弄清哪些职业兴趣是自己的强项，从社会需要和自己的能力优势方面选择和确定一种主要的职业兴趣。同学们在选择学业或人生职业规划时，应把自己的职业兴趣与个人的职业能力、人格特征结合起来。

2. 内在关系

霍兰德所划分的六大类型，并非并列的，而是有着明晰的边界。他以六边形标示出六大类型的关系。

①相邻关系。如 RI、IR、IA、AI、AS、SA、SE、ES、EC、CE、RC 及 CR 。属于这种关系的两种类型的个体之间共同点较多，现实型 R、研究型 I 的人都不太偏好人际交往，这两种职业环境中也都较少机会与人接触。

问题：哪些工作类型是相邻关系，哪些工作类型是相隔关系，哪些工作类型是相对关系？

②相隔关系。如 RA、RE、IC、IS、AR、AE、SI、SC、EA、ER、CI 及 CS ，属于这种关系的两种类型个体之间的共同点较相邻关系少。

③相对关系。在六边形上处于对角位置的类型之间即为相对关系，如 RS、IE、AC、SR、EI 及 CA 即是，相对关系的人格类型共同点少，因此，一个人同时对处于相对关系的两种职业环境都兴趣很浓的情况较为少见。

人们通常倾向于选择与自我兴趣类型匹配的职业环境，如具有现实型兴趣的人希望在现实型的职业环境中工作，可以最好地发挥个人的潜能。但职业选择中，个体并非一定要选择与自己兴趣完全对应的职业环境。一则因为个体本身常是多种兴趣类型的综合体，单一类型显著突出的情况不多，因此评价个体的兴趣类型时也时常以其在六大类型中得分居前三位的类型组合而成，组合时根据分数的高低依次排列字母，构成其兴趣组型，如 RCA、AIS 等；二则因为影响职业选择的因素是多方面的，不完全依据兴趣类型，还要参照社会的职业需求及获得职业的现实可能性。因此，职业选择时会不断妥协，寻求相邻职业环境，甚至相隔职业环境，在这种环境中，个体需要逐渐适应工作环境。个体如果寻找的是相对的职业环境，意味着所进入的是与自我兴趣完全不同的职业环境，则工作起来可能难以适应，或者难以做到工作时觉得很快乐，相反，甚至可能会每天工作得很痛苦。

问题：你认为是人适应工作，还是工作适应人？

5.2 MBTI 性格类型论

人格是一个结构性概念。把人格看成是一个相对稳定而又不断变化的结构，是认知人格理论的共识。一般认为，人格是由一组特质组成，特质是构成人格的基本单位。特质决定着个体的具体行为。人格特质在时间上具有稳定性，在空间上具有普遍性；各种人格特质是每个人都有的，不过在表现上因人而异，造成人与人之间的差异。健全人格就是要根据不同的任务要求和不同的人的实际情况，力争通过努力，让个体在人格特质的表现上有所变化。没有表现出来的要激发和挖掘；表现程度低下的要有所上升和加强；表现极端的要给以疏导和调节以免造成人格障碍。我们认为，作为一个结构性概念，人格的结构应当是一个多层次、多水平、多侧面、富有内在逻辑关系的、完整的心理成分构成物。从最一般的意义上说，认知、情感、意志三种心理成分是人格的最基本的构件。从内容上看，人格则大体包括内隐的人格心理特质和外显的人格行为特征两个方面三个层次。人格心理特质主要包括对社会、集体、他人和自己的态度，以及情感、意志和理智等方面的典型特征。人格行为特征则主要体现在个体的社会适应性行为中。从内隐的层次来分析，人格涉及人格心理特质的完整性以及人格心理特征发展的正常性；从外显的层次来看，人格反映的是一个人在社会实践活动中表现出来的惯常的行为方式（对自己、对他人、对社会、对环境等）的合目的性和合社会性。人格的培养不是学校教育的独属阶段，而是伴随着一个人终身的过程。

MBTI 是美国的心理学家凯瑟琳·库克·布里格斯（Katherine Cook Briggs）和女儿心理学家伊萨贝尔·布里格斯·迈尔斯（Isabel Briggs Myers）以荣格的“心理类型学”理论为基础，根据对人类性格差异的长期观察和研究而提出的。

> 卡尔·荣格，瑞士心理学家，创立了荣格人格分析心理学理论，他的理论和思想至今仍对心理学研究产生影响。

卡尔·荣格认为我们的性格类型分为态度和机能，态度就是力比多倾向，分为外倾和内倾。机能分为感觉、直觉、思维和情感，感觉就是感觉器官，接收到了哪些信息？我们看到什么，听到什么，闻到什么？直觉就是我们对这些信息做一个整体判断，思维就是大脑对这些信息作判断，情感就是这个东西给我及他人的感觉是什么。

虽然每个人的大脑作出决定的瞬间都要走这四个流程，但是不同的人在其中某个环节中的倾向程度不同（滞留时间长短不同）。有的人在感知这个世界的时候，可能他的注意力更多地停留在感觉环节，而直觉环节一带而过，有的人在作决策的时候，更倾向于停留在思维多一些，情感部分一带而过，比如我要对班上某个同学作出处罚决定时，虽然这个同学和我关系不错，但我可能更多地关注他的这种情况学生手册是如何规定的。这就是四种机能，加上两种态度，就有了三个维度，布里格斯和迈尔斯这对母女后来又增加了一个维度，就是采取行动的方式，从而就有了今天的 MBTI 四个维度的性格类型量表。下面我们就每个维度来具体说说，看看我们自己的性格是什么样的。

第一个维度是能量获得的途径，分为外倾（E）—内倾（I）。

问题：你认为外倾型的人和内倾型的人适合做什么工作？

外倾型的人，重视外部世界，喜欢与人交往。在别人看来，他们活跃、开朗、热情、敢想敢做，对周围一切事物都很感兴趣，容易适应环境的变化。

内倾型的人，重视主观世界，喜欢沉思，常常沉浸在自我欣赏和陶醉中。在别人看来，他们高冷、稳重，善于分析和思考。

问题：你认为什么工作需要我们运用感觉，什么工作需要我们运用直觉？

第二个维度是注意力的指向，分为感觉（S）—直觉（N）。

感觉型：倾向于通过各种感官去注意现实的、直接的、实际的、可观察的事件。

直觉型：倾向于对事件将来的各种可能性和事件背后隐含的意义及符号和理论感兴趣。

比如说，你看到这幅图，你第一眼看到的是什么？如果你看到的是一个少女，那么，你就是一个感觉型的人；如果你看到的是一个老妇人，那么，你就是一个直觉型的人。

第三个维度是决策判断的方式，分为思考（T）—情感（F）。

思考型的人比较注重依据客观事实的分析，一以贯之、一视同仁地贯彻规章制度，不太习惯根据人情因素变通，哪怕作出的决定并不令人舒服。

问题：你希望你的领导和同事是思考型的人还是情感型的人？

情感型的人常从自我的价值观念出发，变通地贯彻规章制度，作出一些自己认为是对的决策，比较关注决策可能给他人带来的情绪体验，人情味较浓。

第四个维度是采取行动的方式，分为判断（J）—知觉（P）。

判断型个体倾向于以一种有序的、有计划的方式对其任务加以控制，他们期望看到问题被解决，习惯于并喜欢作决定。

问题：你认为判断型的人与知觉型的人如何合作？

知觉型个体偏好于知觉经验，他们努力使任务保持开放，让其自然变化，以便出现更好的可能。

5.3 马斯洛的需求层次理论

问题：你认为社会的价值观念对你的影响是什么？

价值观是指个人对客观事物（包括人、物、事）及对自己的行为结果的意义、作用、效果和重要性的总体评价，是对什么是好的、是应该的总看法，是推动并指引一个人采取决定和行动的原则、标准，是个性心理结构的核心因素之一。它使人的行为带有稳定的倾向性。价值观是人用于区别好坏，分辨是非及其重要性的心理倾向体系。它反映人对客观事物的是非及重要性的评价，价值观决定、调节、制约个性倾向中低层次的需要、动机、愿望等，它是人的动机和行为模式的统帅。

人的价值观建立在需求的基础上，一旦确定则反过来影响调节人进一步的需求活动。人们对各种事物，如学习、劳动、享受、贡献、成就等，在心目中存在主次之分，对这些事物的轻重排序和好坏排序构成一个人的价值观体系。价值观体系是决定一个人行为及态度的基础。

在马斯洛看来，人类价值体系存在两类不同的需求，一类是沿生物谱系上升方向逐渐变弱的本能或冲动，称为低级需求和生理需求。一类是随生物进化而逐渐显现的潜能或需求，称为高级需求。

人都潜藏着这五种不同层次的需求，但在不同时期表现出来的各种需求的迫切程度是不同的。人的最迫切的需求才是激励人行动的主要原因和动力。人的需求是从外部得来的满足逐渐向内在得到的满足转化。

低层次的需求基本得到满足以后，它的激励作用就会降低，其优势地位将不再保持下去，高层次的需求会取代它成为推动行为的主要原因。有的需求一经满足，便不能成为激发人们行为的起因，于是被其他需求取而代之。人的最高需求即自我实现，就是以最有效和最完整的方式表现他自己的潜力，唯此才能使人得到高峰体验。

人的五种基本需求在一般人身上往往是无意识的。对于个体来说，无意识的动机比有意识的动机更重要。对于有丰富经验的人来说，通过适当的技巧，可以把无意识的需求转变为有意识的需求。

马斯洛需求层次理论把需求分成生理需求、安全需求、社会需求、尊重需求和自我实现需求五类，依次由较低层次到较高层次。

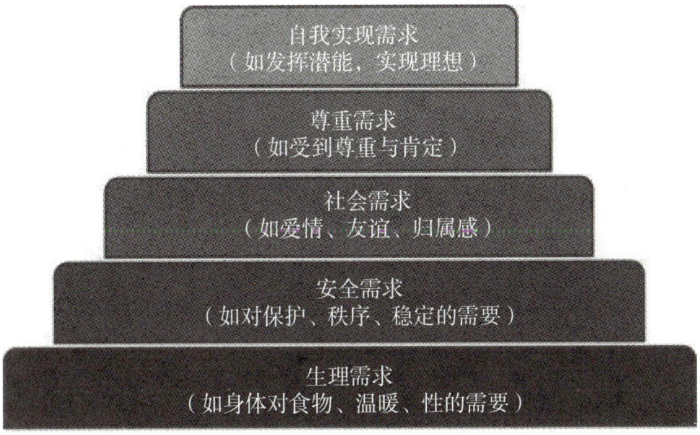

5.4 施恩的职业锚理论

职业锚理论（Career Anchor Theory）由麻省理工学院斯隆管理学院教授埃德加·H. 施恩提出。斯隆管理学院的 44 名 MBA 毕业生，自愿形成一个小组接受施恩教授长达 12 年的职业生涯研究，包括面谈、跟踪调查、公司调查、人才测评、问卷等多种方式，最终分析

推荐阅读：埃德加·H. 施恩的《组织文化与领导力》。

总结出了职业锚(又称职业定位)理论。

锚是使船只停泊定位用的铁制器具。职业锚，又称职业系留点（Career Anchor）。实际就是人们选择和发展自己的职业时所围绕的中心，是指当一个人不得不作出选择的时候，他无论如何都不会放弃的职业中的那种至关重要的东西或价值观，是自我意向的一个习得部分。个人进入早期工作情境后，由习得的实际工作经验所决定，与在经验中自省的动机、价值观、才干相符合，达到自我满足和补偿的一种稳定的职业定位。职业锚强调个人能力、动机和价值观三方面的相互作用与整合。职业锚是个人同工作环境相互作用的产物，在实际工作中是不断调整的。

1978年,施恩提出的职业锚理论包括五种类型：技术/职能型、管理型、自主/独立型、创造/创业型、挑战型。在20世纪90年代，他又发现了三种类型的职业锚：安全/稳定型、生活型、服务/奉献型。施恩将职业锚增加到八种类型，并推出了职业锚测试量表。

技术/职能型：技术/职能型的人，追求在技术/职能领域的成长和技能的不断提高，以及应用这种技术/职能的机会。他们对自己的认可来自他们的专业水平，他们喜欢面对来自专业领域的挑战。他们一般不喜欢从事一般的管理工作，因为这将意味着他们放弃在技术/职能领域的成就。

管理型：管理型的人追求并致力于职务晋升，倾心于全面管理，独自负责一个部分，可以跨部门整合其他人的努力成果，他们想去承担整个部门的责任，并将公司的成功看成自己的工作。具体的技术/功能工作仅仅被看作是通向更高、更全面管理层的必经之路。

自主/独立型：自主/独立型的人希望随心所欲地安排自己的工作方式、工作习惯和生活方式；追求能施展个人能力的工作环境，最大限度地摆脱组织的限制和制约。他们愿意放弃工作的发展机会，也不愿意放弃自由与独立。

创造/创业型：创造/创业型的人希望用自己的能力去创建属于自己的公司或创建完全属于自己的产品(或服务)，而且愿意去冒风险，并克服面临的障碍。他们想向世界证明公司是他们靠自己的努力创建的。他们可能正在别人的公司工作，但同时他们在学习并评估将来的机会。一旦他们感觉时机到了，便会自己走出去创建自己的事业。

挑战型：挑战型的人喜欢解决看上去无法解决的问题，战胜强硬的对手，克服无法克服的困难障碍等。对他们而言，参加工作或职业的原因是工作允许他们去战胜各种不可能。新奇、变化和困难是他们的终极目标。如果事情非常容易，它马上变得非常令人厌烦。

安全／稳定型：安全/稳定型的人追求工作中的安全感与稳定感。他们可以预测将来的成功从而感到放松。他们关心财务安全，例如退休金和退休计划。稳定感包括诚信、忠诚以及完成老板交代的工作。他们尽管有时可以升到一个高的职位，但他们并不关心具体的职位和工作内容。

生活型：生活型的人喜欢允许他们平衡并结合个人的需要、家庭的需要和职业的需要的工作环境。他们希望将生活的各个主要方面整合为一个整体。正因为如此，他们需要一个能够提供足够的弹性让他们实现这一目标的职业环境,为此甚至可以牺牲他们职业的一些方面，如提升带来的职业转换，他们将成功定义得比职业成功更广泛。

服务／奉献型：服务／奉献型的人指那些一直追求他们认可的核心价值,例如：帮助他人,改善人们的安全,通过新的产品消除疾病。他们一直追寻这种机会，这意味着即使变换公司，他们也不会接受不允许他们实现这种价值的工作变换或工作提升。

持有不同职业锚的人会选择不同的工作和生活，但并无优劣之分。只要在适宜的工作环境中，都能充分发挥自己的特长，职业锚能够帮助我们尽快适应调适，认可工作内容和工作环境，使我们快速融入职场。

实证研究

什么样的人收入更高？

程虹等人[1]运用中国企业—员工匹配调查数据，就“大五”人格特征对于劳动力工资的影响效应进行了基于微观一手调查数据的实证检验。基准回归结果表明，开放性、严谨性等积极的人格特征对于劳动力工资具有显著的促进作用，而对于现阶段中国劳动力市场而言，以开放性为代表的创新型人格特征较为稀缺，其对于工资收入的边际贡献更为明显。在此基础上，研究以开放性人格特征为例，选取处理效应的识别策略，就人格特征对于劳动力工资的因果效应进行了稳健性检验。估计结果表明，开放性人格特征对于工资收入的促进效应均在至少 5% 显著性水平上满足因果推断的统计要求，而以员工冒险精神、风险偏好指数作为开放性人格特征的替代变量，也得到了相似的估计结果。

进一步阅读文献：

[1] 张抗私，史策．高等教育、个人能力与就业质量 [J]. 中国人口科学，2020(4)：98-112,128.

[2] 罗双成，陈卫民，江鑫．非认知能力与个人创业选择：理论与经验证据 [J]. 劳动经济研究，2020，8(2)：101-119.

[3] 郭亚平．颜值对大学生非认知能力的影响——基于中国大学生追踪调查 (PSCUS) 数据的研究 [J]. 青年探索，2020(1)：36-46.

理想与信念

用奋斗“抄底”病痛的向阳男孩

邹勇松，男，中共党员，1990 年 10 月出生，湖南娄底人，长沙理工大学研究生。曾获评“全国优秀大学生”、全国大学生“自强之星”、“中国敬业奉献好人”、“湖南好人”、“向上向善湖南好青年”

1 程虹，李唐．人格特征对于劳动力工资的影响效应——基于中国企业—员工匹配调查（CEES）的实证研究 [J]．经济研究， 2017,52(2)：171-186.

等称号。邹勇松家境贫寒，自幼患慢性肾炎，2017 年 6 月发展至终末期（尿毒症期）。从 2017 年 5 月至 2018 年 5 月间，邹勇松经历了上千次自我腹膜透析，每天四次透析，每次四斤，每月需用 15 箱透析液。在这最艰难的日子里，他以“世界以痛吻我，我要报之以歌！”勉励自己，以坚强的意志取得了优异成绩，并获得 6 项软件著作权和发明专利。他还自费研发制作“共享打印机”供同学免费使用，向红十字会登记捐献器官和眼角膜，成为器官志愿登记者。

邹勇松的经历告诉我们：我们必须以只争朝夕的劲头，潜心学习专业知识，挑战技术难题，用行动证明自己是一名合格的大学生，而不是一个怨天尤人的“愤青”、得过且过的“佛系”青年。

（资料来源：中国大学生在线）

学习强国

听从召唤　奔赴新发展热土

★全国大赛介绍★

全国大学生机器人大赛

竞赛简介

ROBOTAC 是中国原创的国家级机器人科技竞技赛事。ROBOTAC 是 ROBOT(机器人)+TACTIC(策略、战略)的缩写。赛事秉承教育宗旨和创客实践精神，融合电竞游戏的特点，以科技创新实践为基础，团队配合为策略，强化机器人对抗竞技的特点，让机器人科技竞技赛事更具科普性和娱乐性。从 2015 年起，ROBOTAC 成为共青团中央和全国学联主办的“全国大学生机器人大赛”的赛事项目之一

主办单位

共青团中央、全国学联、深圳市人民政府、教育部高等学校机械类专业教学指导委员会等。

竞赛内容

ROBOTAC 赛事将深受广大青年喜爱的网络游戏与机器人比赛相结合，规则灵活，创意至上。在符合规则的前提下，参赛选手可以自行设计如车型、人型及多样仿生型机器人，设置执行机构。

竞赛形式

场地分为上、中、下三路和双方高地，每一条道路都设置有不同的地形和

障碍，参赛队伍根据场地特点，有针对性地制作调试机器人来适应不同的道路。比赛中，双方机器人军团通过直接接触对方机器人或者攻击对方基地堡垒得分。

参赛对象

2020 年 8 月前注册在籍的高职高专院校学生。

比赛时间

分区赛于 5 月底到 6 月初在各大城市（北京、哈尔滨、武汉、成都、西安、上海）开展，7 月在深圳进行总决赛。

奖项设置

全国一等奖 7 名（分冠亚季），二等奖 8 名，三等奖 16 名，以及特色奖若干。

大赛理念

· 发掘有风度的“机神”级人物，助力一代明星工程师在此起航；
· 帮助理工男从幕后走到台前，完成技术宅的“逆袭”；
· 将大学生从网络游戏中解放出来，通过机器人竞技实现自我理想；
· 激发大学生纯粹的做事态度，培养他们对极致的追求。

大赛目的

以“推动机器人技术创新、行业发展以及青少年科教普及”为宗旨，倡导创新思维，鼓励原创、首创精神，促进创新型人才培养，面向战略性新兴产业发展的需要，促进和实现科技协同成果与产业升级转型的融合。青少年机器人竞赛活动是一项综合多种学科知识技能，具有良好示范性和导向性的青少年科技教育活动。

网上练习

我的工作价值观是什么？

即问即答

价值观与兴趣选哪个？

价值观与兴趣选哪个？

问题：你的职业兴趣是什么？请晒晒你的职业类型。

第六章 我能做什么工作

金句

劳动模范是劳动群众的杰出代表，是最美的劳动者。劳动模范身上体现的“爱岗敬业、争创一流，艰苦奋斗、勇于创新，淡泊名利、甘于奉献”的劳模精神，是伟大时代精神的生动体现。

每个人对大学的理解不一样，设定的目标也因人而异，但不可否认的是，锻炼和提升个人能力，是大学最重要的任务。当今社会对高校培养人才的要求越来越高，期望大学生知识广博，专业技能熟练，综合能力强。有一个哈佛大学商学院毕业的中国学生回到中国工作，被一家很有名的中国企业录用，给他提供很好的待遇，但两个月后，他却被该企业辞退了。该企业老板的理由是：太书呆子气，书本知识浓厚，实践经验不足，毛病挑出一大堆，解决问题的能力没有。那么，对于即将毕业的大学生或刚刚步入职场的新人而言，到底哪些能力才是企业和社会真正需要的呢？面对激烈的人才竞争，无论是将来就业、升学还是创业，只有不断提升自己，才能立于不败之地。

> 随着世界各国高等教育的快速扩张，尤其是在全球性金融危机的冲击下，社会各界对即将跨出校门的大学毕业生在从接受教育向工作转换过程中，在多大程度上是“可雇用的”越来越重视。

6.1 加德纳的多元智力理论

心理学家霍华德·加德纳认为，智力测验会对人进行分类并贴上不合适的标签，用来判断人的弱项和短处。事实上，智力并不是

> 霍华德·加德纳，世界著名教育心理学家，最为人知的成就是“多元智能理论”，被誉为“多元智能理论”之父。

一个容易“被测量”的东西，目前所能够测量到的智力中的一部分，也就是语言和数理逻辑，智力还包括在解决问题或在运用该智力时表现出来的创造性的能力。智力总是以多样性组合的方式来进行的，每个人都是具有多种能力组合的个体。因此加德纳提出了多元智力理论。在 1983 年的《智力的结构：多元智能理论》一书中，他把智力定义为“是在某种社会和文化环境的价值标准下，个体用以解决自己遇到的真正难题或生产及创造出某种产品所需要的能力”。他认为人的智力结构至少由八种智力要素组成：

（1）语言智能。这种智能主要是指有效地运用口头语言及文字的能力，即指听说读写能力，表现为个人能够顺利而高效地利用语言描述事件、表达思想并与人交流的能力。

（2）逻辑数学智能。喜欢靠推理来进行思考，喜欢提出问题并通过寻找事物的规律及逻辑以寻求答案、顺序，对知识的推演和数学运算有兴趣。

（3）视觉空间智能。对色彩、线条、形状、空间及它们之间关系的敏感性很高，感受、辨别、记忆、改变物体的空间关系并借此表达思想和情感的能力比较强。能准确地感觉视觉空间，并把所知觉到的表现出来。这类人在学习时是用意象及图像来思考的。

（4）身体动觉智能。善于运用整个身体来表达想法和感觉，以及运用双手进行生产或改造事物的能力。这类人喜欢动手建造东西，喜欢户外活动，与人谈话时常用手势或其他肢体语言。

（5）音乐智能。能敏感地感知音调、旋律、节奏和音色等能力，表现为个人对音乐节奏、音调、音色和旋律的把握以及通过作曲、演奏和歌唱等表达音乐的能力。

（6）人际智能。能够有效地理解别人以及能高效地处理人际关系，比如组织能力，包括群体动员与协调能力；协商能力，指仲裁与排解纷争能力；合作能力，指对他人表现出关心、善解人意、适于团体合作的能力。

（7）自省智能。自省智能是指正确认识到自己能力的长处和短处，能合理控制自己的情绪、意向、动机、欲望，对自己的生活有规划，能自尊、自律地生活。

（8）自然认知智能。能认识植物、动物和其他自然环境的能力。自然认知智能包括对社会的探索和对自然的探索两个方面。

问题：你认为自己在哪个智能上比较突出？表现在哪些方面？

加德纳认为，在正常条件下，只要有适当的外界刺激和个体本身的努力，每个个体都能发展和加强自己的任何一种智力。

6.2 大学生应具备的技能

国际劳工组织（ILO）曾指出，可雇用能力是个体获得和保住工作、在工作中进步以及应对工作生活中所出现变化的适应能力。

1. 大学生的职业能力

美国的辛迪·梵和理查德·鲍尔斯提出专业知识技能、可迁移技能和自我管理技能，它是就一项职业的要求而提出的，也就是说，你要胜任一个工作，就必然包含三个方面：第一，你要有理论背景；第二，你要有操作的技能；第三，你要具备这个工作要求的品质。

（1）专业知识技能就是你所掌握的理论知识，需要通过背诵、记忆获得。不仅要全面，还要系统。全面就是你知道的要多，系统就是你提取的要精确。

（2）可迁移技能是个体所能胜任的活动，具体表现为一个人所能从事的工作内容。这种技能不是通过背诵和记忆来获得的，而是通过观察、实践、思考、熟练等过程掌握，往往具有通用性，所以被称为可迁移技能。

（3）自我管理能力是一个人在工作中所表现出来的特征和品质。比方说大家学的都差不多，可迁移技能也一样，在未来求职时，雇主凭什么选你而不是别人呢？这个时候拼的就是自我管理能力，它是影响职业生涯成功的关键。它不是自控能力，自控能力只是它的一部分，它其实是我们综合的职业素养，而对于某一个职位的自我管理能力，那就是社会对这个职业的职业化期待。

我们把这三种能力比喻成一棵树，专业知识技能就像树冠，是这棵树最外在的展示，以此与其他树区分开来。可迁移能力就像树干，即便树叶全掉了，只要树干在，它依然能存活下来。而自我管理能力就是树根，它是隐性的，又是至关重要的，它能让我们在风暴来临的时候稳稳地站立不倒，也就是我们说的抗风险能力。

那么，在大学里如何培养这些技能呢？我们需要做好以下五个方面的工作。

（1）学好专业知识。专业知识是立身之本，也是个人核心能力的重要组成部分。专业会影响一个人认识世界的角度以及和世界互动的方式，也决定工作的领域和方向。

专业知识的学习，是系统性思维的培养，要掌握好本专业领域的重要基础概念、主要研究方法和原理。内容也许会随着时代的变化而更新，但原理和方法将帮助你更快地适应新环境和新变化。

约克和奈特提出USEM模型。该模型认为可雇用性包括四个维度：（1）对专业知识的理解力；（2）技能，包括工作所需的专业技能和通用技能；（3）自我效能，即对自己的看法及个性品质，主要表现为自信心；（4）元认知，包括与学生学习相关的自我意识和在行动中或之后的反思能力。

（2）主动学习的意识。要做到主动学习，就需要从个人实际出发，掌握一定的方法，培养学习习惯。对过去学习经历当中做得比较好的方法和习惯，可以继续坚持或适当调整，因为这是你效率最高的学习方式，不要轻易放弃。

（3）开放的心态。保持开放的心态，多接触不同专业、不同年级的同学，虚心向各专业老师、管理人员和职场人士请教；积极参与到各类活动当中，在做事的同时探索个人的兴趣爱好，总结做事的风格和方法；利用好互联网，学会搜集和整理信息，利用网络的便捷优势，搭建个人学习发展的平台；多读些书，学习系统化知识，开阔视野和眼界。

（4）培养专注的习惯。多参加一些跨学科课程、讲座、社会实践、课题研究和志愿服务，这些活动有些看起来并不那么有趣，甚至有时候会让你感到压力和不适，这是正常现象。学习提高的过程就是突破舒适区的过程。只要你坚持努力学习，总会有所收获。

（5）学会独立思考。不一样的学习环境、不一样的人际关系、不一样的生活节奏，要求每个人要独立面对遇到的每一个问题，学会探索自我，分析外部环境，寻求他人帮助和资源支持，在实践中找到答案，在解决问题中成长。

2. 智能时代的职业能力

以人工智能为核心技术代表的第四次工业革命，将会极大地改变现有商业模式和劳动力市场，对职业能力也提出了新的要求。人工智能和现有产业的高度融合，使得企业边界越来越模糊，员工与组织的关系由传统的清晰的雇佣关系变成模糊的伙伴关系。员工正日益变成“优盘化”（自带系统、即插即用）的“超级个体”。

在人工智能背景下，人类将专注于判断性工作，即在无法获得充分或可靠信息时，如何运用人类自身经验和专业知识来做出关键的决策。因此，重要的元认知能力变得更为重要，如逻辑思维能力、系统思维能力、理性思维能力、概率思维能力等。

新加坡政府未来经济委员会在 2016 年提出了职业的通用技能与胜任力模型，将职业能力分为 18 种通用技能与胜任力，每一种有基础、中级与高级三个水平（见下图）。这对我们了解智能时代的职业能力要求有较大的启发和借鉴作用。

6.3 大学生技能培养的活动类型

1. 暑假“三下乡”活动

暑假“三下乡”活动是指全国大学生在共青团中央的号召下，利用暑假时间志愿报名参加送文化、科技、卫生到农村、基层。这项活动已持续多年，并取得了可喜的成绩和成效。每年的暑假，全国各大中专院校在共青团中央的号召下，组织大学生志愿者围绕“三下乡”活动主题，结合专业、地方和个体特色，在农村、企业和基层开展科技扶助、企业帮扶、思想宣传、政策宣传、文化宣传、医疗服务、法律普及、支教服务、环境保护、科普宣传等活动。“三下乡”实践活动既促进了先进生产力的发展，又帮助和引导大学生按先进生产力发展要求成长成才；既传播了先进文化，又帮助和引导大学生接受先进文化的哺育；既服务了人民群众的根本利益，又服务了大学生的全面发展。

2. “青年志愿者”行动

志愿服务是指任何志愿贡献个人的时间及精力，在不为任何物质报酬的情况下，为改善社会、促进社会进步而提供的服务。青年志愿者活动专指青年一代参加志愿者活动，大学生是青年志愿者活动的主体。大学生青年志愿者们在共青团中央的号召下，利用课余时间和假期开展包括扶贫开发、社区建设、环境保护、大型赛会、应急救助、海外服务等在外的各项服务活动，弘扬着“奉献、友爱、互助、进步”的志愿者精神。在国内外的各类大赛和大型活动中，处处都活跃着志愿者的身影。例如，北京奥运会期间，志愿者服务于各国的运动员及来自世界各地的观众和游客，获得了全世界的好评。

推荐阅读：威廉·德雷谢维奇的《优秀的绵羊》。

我国的志愿服务活动是随着改革开放而发展的，开始于 1978 年。1993 年底，共青团中央开始组织实施中国青年志愿者行动，中国志愿服务进入了有组织、有秩序的阶段。中国青年志愿者行动实施以后，志愿服务日益广泛发展，全社会对志愿服务的认知程度已大大提高。据不完全统计，2008 年累计有超过 506 万名志愿者参加抗震救灾和灾后重建，170 多万志愿者直接服务北京奥运会。

2006 年 11 月，共青团中央印发的《中国注册志愿者管理办法》规定："团组织、志愿者组织根据服务对象的需求，向注册志愿者发布服务信息、提供服务岗位，志愿者按照相关要求开展志愿服务。注册志愿者也可按照相关规定自行开展志愿服务。提倡具有相同服务意向和志趣爱好的注册志愿者在团组织、志愿者组织指导下结成志愿服务团队开展服务。"

问题：你在大学里参加过哪些志愿活动？在这些活动中，你有哪些收获？

志愿工作具有志愿性、无偿性、公益性、组织性四大特征。

3. 课外科技活动

课外科技活动是指大学生利用课余时间参加校内外的学生科学研究活动和竞赛等。这类社会实践活动有的是参与到实验室、校内老师的科研项目中，协助老师开展科研工作并在其中得到锻炼；有的是直接参与到企业单位的技术难题或管理咨询工作中，或者参与到企业的技术开发和产品开发中；有的是参与到群众组织、政府和管理部门等进行专题的调查研究和理论研究活动中；有的直接从事发明制作；等等。课外科技活动不仅充分培养大学生的主动性和创新精神，而且大学生还可以参加国家、教育部门及一些行业协会等组织的相关的竞赛活动，在比赛中检验自己，提升能力。例如，"挑战杯"全国大学生课外学术科技作品竞赛。它是一项全国性的竞赛活动。该比赛创办于 1986 年，由教育部、共青团中央、中国科学技术协会、中华全国学生联合会、省级人民政府主办，国内著名大学承办。"挑战杯"系列竞赛被誉为中国大学生学术科技"奥林匹克"，是目前全国最具代表性、权威性的大学生课外科技活动竞赛。每两年举办一次的"挑战杯"，坚持"崇尚科学、追求真知、勤奋学习、迎接挑战"的宗旨，鼓励大学生创新精神的培养，已成为大学生课余科技活动中的一项主导性活动。国家教育部门和一些专业协会都有针对大学生的各专业和学科相关的课外竞赛，以此推动学生专业知识的创新学习和课外拓展。

4. 课外创业活动

课外创业活动是大学生利用课外时间开展创新创业活动。在国家提出“大众创业、万众创新”的号召下，特别是国家和各地政府出台一系列扶持大学生自主创业的优惠政策后，越来越多的学生在学习之余加入到自主创业的行列中，课外创业活动已经成为大学生社会实践和体验社会的重要方式之一。国家和各地政府也同时开展了大学生创业计划大赛。如“挑战杯”全国大学生创新创业大赛，中国“互联网 +”大学生创新创业大赛等。“挑战杯”大学生创新创业大赛与课外学术科技作品大赛相对，大赛以“电子对抗系统”和“ERP 管理软件”为竞赛平台，以创业计划书为基础，经专家评审团点评和网友投票进行综合评判，最终赛出名次。中国“互联网 +”大学生创新创业大赛从 2015 年开始举办，以“‘互联网 +’成就梦想，创新创业开辟未来”为主题。大赛旨在深化高等教育综合改革，激发大学生的创造力，培养造就“大众创业、万众创新”的生力军；推动赛事成果转化，促进“互联网 +”新业态形成，服务经济提质增效升级；以创新引领创业、创业带动就业，推动高校毕业生更高质量创业就业。

问题：你认为什么样的人适合创业？

5. 勤工助学活动

勤工助学是指学生在学校的组织下利用课余时间，通过劳动取得合法报酬，用于改善学习和生活条件的社会实践活动。随着高校教育的收费制度改革，越来越多的学生以勤工助学的方式自助完成学业，如家教、参与商业的宣传促销活动、在饭店宾馆等从事服务性工作等。

实证研究

人工智能时代对劳动者的技能要求是什么？

邱子童等人[1]发现，在机械化生产向人工智能时代发展的过程中，对劳动者的技能需求存在着多种变化。他们从劳动分工与劳动过程视角出发，从任务划分、专业化工具、局部工人和过程控制四个方面对劳动者技能需求进行了梳理和探讨。研究表明，人工智能应用背景下的劳动分工正由细化向极化方向发展，劳动过程趋向于实现有效的人机合作，这不仅要求劳动者具备更高水平的生产技能，还要具备相应的素质技能，最终实现劳动者由去技能化向再技能化的转型。

进一步阅读文献：

[1] 蒋南平，余声启，人工智能与当代资本主义的经济社会矛盾——基于大卫·哈维的理论视角 [J]. 马克思主义与现实，2019(6)：161–167.

[2] 韩民春，韩青江，冯钟. 工业机器人技术进步对就业的影响分析：一个理论模型框架 [J]. 广东财经大学学报，2019,34(6)：4–10.

[3] 王磊，互联网对中国劳动就业的双重效应及其完善 [J]. 山东社会科学，2019(12)：91–95.

理想与信念

情系深山，“95 后”青年的返乡“劝学路”

2019 年 12 月 27 日，教育部陈宝生部长调研华东理工大学时，听到杨孟平介绍他的助学事迹后，殷切嘱托：“大凉山的教育一直是我的心头之痛，你做得很好，我很感动，希望你以后继续为家乡努力。”从班级垫底到名列前茅，从落后的大凉山到繁华的大上海，从没接触过电脑到保研人工智能硕博连读，从走出大山到回报大

1 邱子童，吴清军，杨伟国. 人工智能背景下劳动者技能需求的转型：从去技能化到再技能化 [J] 电子政务，2019(6)：23-30.

山……杨孟平不仅完成了自身的蜕变和成长，还一直致力于家乡的“控辍保学”，用扶智助力扶贫。2015 年至今，杨孟平累计影响帮助 2000 多名学生，由此他也被评为 2018 年度中国大学生自强之星、2019 年度上海市五四青年奖章、2019 年度上海市十佳资助宣传大使等。

杨孟平的经历告诉我们一个人的能力培养需要通过实践：也许一个人的力量微不足道，但星星之火，可以燎原，从小群体影响到大群体，就能够把尊重知识、追求知识的思想传播得更远。

（资料来源：中国大学生在线）

学习强国

从“全能花旦”到“孩子王”做新时代粤剧传承扛旗者

★ 全国大赛介绍 ★

全国大学生工业设计大赛

竞赛简介

全国大学生工业设计大赛是由全国工业设计一流专业建设协同创新平台、广东省教育厅、广东省工业和信息化厅、广东省本科高校工业设计专业教学指导委员会联合主办的全国大学生学科竞技类赛事。大赛自 2012 年至今已成功举办四届，2020 年（第五届）全国大学生工业设计大赛于 2020 年 4 月正式启动。

随着设计学科内涵和外延的拓展，更多学科在此领域交叉融合。大赛旨在以赛促学、以赛促教，引导参赛者夯实基础技能，关注传统文化及科学技术发展，激发创造潜能，培养创新能力。

主办单位

广东省教育厅、广东省工业和信息化厅、全国工业设计一流专业建设协同创新平台、广东省本科高校工业设计专业教学指导委员会。

竞赛内容

1. 网上报名及纸质版报名表提交

2020 年 5 月 15 日—6 月 30 日，所有参赛者登录大赛官方网站在线注册报名。选择赛道及分类后，填写相关资料并由系统自动生成报名表。确定信息无误后于网站页面自行下载打印报名表，由参赛小组成员全体签字后送交学校教务处加盖公章，确认在校生身份。主赛道参赛者由各校汇总报名表后统一报送至分赛区组委会秘书处备案；专项赛报名表由参赛者于规定时间前直接寄送到总赛区组委会。每件作品需提交一份报名表，每名参赛者作为第一作者在本赛道提交的作品数不得超过 3 件。

报名表生成的同时每件报名作品将获得系统自动生成的八位数参赛编号，该编号为作品的身份信息，用于各阶段评审工作。

2. 网上提交电子版作品

打印报名表及获得参赛编号后，根据大赛官方网站提交资料的要求，由参赛者自行上传至大赛官方网站。

（1）平面图版

参赛者将参赛作品相关内容（设计草图、设计说明、预想图、模型照片等）合理编辑为一张纵向版面（尺寸：高 1089mm × 宽 841mm，jpg 格式，精度 150dpi，文件大小不超过 10M），图片上传至到官网报名系统后将自动生成带有作品报名信息的参赛展板。参赛者可以在报名系统自行下载该展板。展板将用于评审及大赛作品展。

（2）产品建模文件

参赛者需在线提交参赛作品的 3D 展示效果文件。参赛者先在网站提交产品建模的 3D 通用格式文件（fbx、dae、obj、stl），提交后在网站内进行在线编辑，具体操作方式见官网的报名过程提示。此项内容为参赛者在平面展板中无法细致体现的材质、结构、使用方式等内容，通过线上编辑后最终发布的作品将用于评委在评审过程以及届时优秀作品的线上及线下展览。

（3）单独的作品设计说明

设计说明模板请于官网下载。如该作品已申请专利或投产，可在此项提供相关的专利及版权证明文件。

（4）曾推荐参加往届全国大学生工业设计大赛的作品不允许报名参加此次大赛。

竞赛形式

大赛主赛道分初评、复评、终评三个阶段，由各赛区组织学生参赛。专项赛为单独赛道，由参赛者根据命题自由报名参赛，大赛组委会根据专项赛的具体内容单独组织评审。

参赛对象

2020 年（第五届）全国大学生工业设计大赛参赛的学科专业范围主要是工业设计、产品设计及服饰配件设计等相关学科专业，鼓励不同学科、专业的学生跨学科、跨专业报名参赛。

参赛对象为普通高校全日制在校大学生，包括研究生、本科生及高职高专学生。高等教育自学考试学生，在高等院校正式注册的进修生需提供在校证明。

主赛道参赛者须以所在院校为单位，集体报名参赛。

网上练习

我拥有哪些能力？

即问即答

兴趣可以当职业吗？

兴趣可以当职业吗？

第七章 我该如何作决策

金句

生活从不眷顾因循守旧、满足现状者，从不等待不思进取、坐享其成者，而是将更多机遇留给善于和勇于创新的人们。青年是社会上最富活力、最具创造性的群体，理应走在创新创造前列。

在生活中，每天都会面临很多选择，大到人生机遇，小到吃饭购物。在这种情况下，有些人会选择困难，一定程度上影响了正常生活。那么，对于大学生而言，他们是否有选择困难的情况？主要体现在哪些方面？他们对这种现象持什么样的态度？中国青年网校园通讯社曾围绕大学生选择困难话题，对全国1026名大学生进行问卷调查，结果显示：超九成学生有选择困难的情况，主要体现在购物和饮食方面，出现选择困难的主要原因是自身目标不够明确，超五成学生认为生活中出现选择困难很正常，超三成学生会因此而影响情绪和生活。

这种选择困难同样会出现在职业选择中，有的年轻人一年会换六次工作，首次可能只是为了高薪，第二次是为了良好的工作环境，第三次是为了一个高职位，这些注重外部因素的选择往往走不远。在商场里，你会为买蓝色还是红色衣服而纠结，放在职场中，蓝衣服可能就是工作A，而红衣服就成了工作B，选择的纠结还在。工作A，稳定、离家近，但薪水一般，按部就班的日子没有激情，没有挑战性。

工作 B，薪水高，职位也高，但人际关系比较复杂，工作时间不规律，无法兼顾家庭。于是，你开始犹豫、焦虑，甚至直接放弃那个机会。恐惧选择，无非就是害怕失败，不愿承担选错的后果。每一份工作都有很多“但是”，选择困难正是因为“但是”都差不多，不能一下子作出取舍。在这个时候，比较各选项之间优势劣势的常规方法，很难帮你作出最后的决定。本章将从生涯决策的概念入手，分析影响生涯决策的因素，进而讲解生涯决策的过程理论和决策的基本方法。

7.1 生涯决策的概念

生涯决策是综合了个人对自我的认识，对所受教育与职业状况等外在因素的判断，在面临生涯抉择情境时所作的各种反应。

卡茨（Katz）指出，生涯决策分析思考三个问题：（1）职业的回报是什么？这个职业能满足我的需要吗？（2）我进入这个职业的概率如何？（3）从整体来看，这个职业是一个好的选择吗？

生涯决策有以下几个特点：

第一，决策无处不在。决策能力决定了一个人的生涯成熟度。在同龄人中，我们会发现有的人特别理性、成熟，就是因为他们在面临决策时比我们更加坚定。而且随着年龄的增长，一定是一个决策跟着一个决策，所以提升决策能力比给你一个选项更重要。

第二，没有完美的决策。一个人无法作出决策，不是对得到的不满意，而是他不愿意舍弃。或者说他舍弃得不甘心。所以在求职时有些人无法作决策，他们也知道所有的工作有好有坏，但他们只愿意接受好的一面，而不愿意去面对那些必然的挑战。就像有的人觉得老师这个工作很好，但他们又不喜欢上课前反复去一字一句地打磨教案、修改教案、评阅作业，而你投入这一堂课的时间不是上课的 45 分钟，而是之前之后 10 倍以上的时间，尤其是在作为老师的初期。所以这个世界上没有完美的决策，因为我们的能力、信息、知识都是有限的，所以有得必有失。如果当下我们必须在多个选项中选择一个，那么我们必须接纳每一个选项给我们带来的舍弃。

第三，任何决策都是有风险的，决策就是根据当下的信息和个人的判断，朝向未来去冒险。

第四，决策不仅包括选择，也包括行动。很多时候，人们不是问题：什么样的人更适合就业，什么样的人更适合读研？

因为有了选择才能去行动，而是因为有了行动才知道如何去选择。比如有的学生会问，老师，我到底是考研、考公务员，还是工作呢？之所以会问这样的问题，就是因为对这三个方面我们都知之太少，比如说自己适合考研吗？自己喜欢公务员的工作吗？以及自己到底喜欢什么样的生活。如果从没考虑过这些问题，也没有行动过、体验过，你如何能作决策呢？你只有期待别人给你一个决策，可是自己想要的生活，别人是永远无法给你的，只有自己去创造。一定是有行动，才有决策，什么行动也没有，什么事也不做，什么知识也不学，怎么决策？所以我们现在要紧的是去行动。如果未来想找工作，寒暑假就不要在家宅着了，想要大学毕业就找到一份满意的工作，那大一开始就要为自己的职业生涯做规划。

第五，任何决策都是承上启下的。为什么是承上启下的呢？一是因为作出决策之前含有焦虑和压力。二是开始决策将会带来行动或改变。这就是决策，真正的决策是会引起焦虑和压力的，让人们集中注意力，为决策而调整自己的认知，采取行动，那些没有焦虑，更没有压力的，就不叫决策，它可能只是情绪。我们在作决策之前要澄清自己的问题是不是一个决策问题。

推荐阅读：斯科特·普劳斯的《决策与判断》。

7.2　丁克里奇的决策类型理论

丁克里奇提出，人们通常采用下面几种决策模式。

痛苦挣扎型：有些人会花很长的时间和精力来收集信息，确认有哪些选项，向专家询问，反复比较，却迟迟不能作出决定。他们通常会说“我就是拿不定主意”。出现这种情况的时候，不是因为信息不够多，而是我们被一些不必要的情绪和非理性信念困住了，比如害怕自己作出错误的决定、追求完美等等。

冲动型：与“痛苦挣扎型”相反，他们作出决定的速度很快，不再考虑其他更多的选择或进一步收集信息。他们的想法是：“先决定，以后再考虑。”冲动的决策方式可能是为了回避困难，不愿花精力时间去探索。这种方式的缺点是有可能错过很多机会，在更好的选择面前会犯下同样的错误。

直觉型：有些人作决定靠直觉。他们通常无法说出选择的理由是什么，只是独断地觉得，自己应该选这个。人们无法充分获取环境情况中的各种信息的时候，会倾向于依靠直觉作判断。但这种直觉可能不符合事实，有时候，我们的判断可能会因社会的成见而产生较大的误差。因此，我们不能仅仅将直觉作为决策的依据。

拖延型：这些人习惯将对问题的考虑和行动都延后进行，“等会儿再说吧，再让我想想”是他们的口头禅。大学生常见的“我还没有准备好，什么都没学，怎么去工作”，就是典型的拖延。拖延型的人心中常抱有这样的希望：总是觉得自己没有准备好，或者对自己突然的爆发充满信心。然而，没有哪个困难或问题是可以一蹴而就地解决的，每一次对问题的直面行动都是为解决它作准备。就比如说，如果你现在不为找工作作准备，那么即便你读完研究生也未必就能找到工作。

宿命型：有些人不愿意对自己作出的选择承担责任，而将一切后果都说成是宿命的安排。他们会说“命中注定的，我也改变不了”或“我怎么老是这么背”之类的话。当一个人将自己生活的主控权交给外部环境和他人的时候，可以想见，这个人是很容易觉得无力和无助的。这时他就会把自己当作“受害者”，怨天尤人，却没想到自己所谓的无法控制的悲惨命运正是由于放弃了个人对生命的“主动权”而造成的。

从众型：这样的人倾向于顺从别人的安排而不是独立地作出决定。他们常说：“别人都是这么做的，我也这么做应该不会错。”或者“我必须听我爸妈的”。比如，很多大学生争取出国、进外企、考研、参加各种培训班、考各种资格证书，不是因为自己想做什么，而是因为“身边的人都这样做”或者“爸妈要我这么做”。从众者从表面上看选择了一条最安全的道路，其实内心是最缺乏安全感的，这种表面的安全是经不起内心的挑战的。

问题：在什么问题上，你希望有人来帮你作决定？为什么？

推荐阅读：古斯塔夫·勒庞的《乌合之众》。

瘫痪型：有时候，个体可在思想上想到自己该为自己作一个决定，却无法开始决策的过程。在内心深处总是笼罩着“一想到这事就感觉焦虑，不想面对”的阴影。事实上，他们无法真正为决策和决策的后果承担责任，而这种害怕承担责任的心理可能源于家庭环境在其成长过程中的影响。

计划型：这种类型的人作决定善于倾听自己内在的声音，也考虑外在的环境要求，以作出适当的决策。

想一想，你在生活中曾经采取过哪些决策模式？你最常用的是哪种？

7.3 克朗伯兹生涯决定社会学习论

克朗伯兹认为四类因素影响一个人的生涯决定，这就是：遗传因素和特殊的能力、环境状况和事件、学习经验和工作取向的技能。

1. 遗传因素和特殊的能力

问题：在个性的发展上，你认为家庭对你的影响是什么？

个人的遗传因素在某种程度上限制了个人对职业或学校教育选择的范围。这些因素包括种族、性别、外在的仪表和特征等。

个人的某些特殊的能力也会影响学习经验，以及伴随这些学习经验而来的兴趣与技能，因此对个人未来的职业选择也有很大的影响。个人的特殊能力包括智力、创造力、音乐能力、美术能力、动作协调能力等。

2. 环境状况和事件

克朗伯兹认为，影响教育和职业的选择因素中，外部环境的因素占有很大的比重。这些环境状况和事件可能来源于人类活动，也可能是由自然力量引起（也就是人们说的天灾人祸）的。这些因素具体包括：就业机会的数量和质量；教育水平的高低；不同职业的劳动报酬水平；工作环境和法制规范；自然环境的影响，如地震、洪水、干旱、台风等；自然资源的开发；科技的发展；工作组织的改变。

3. 学习经验

克朗伯兹认为，每个人的学习经验都是独特的，在决定其生涯发展时扮演着重要的角色。日常生活中，有两种学习经验影响着个人的生涯决定，这也是克朗伯兹社会学习理论中最简约的形式。

◆工具式学习经验（instrumental learning experiences）

工具式学习经验有三部分主要内容，它们分别是指：

· 前因。前因指的是我们前面提到的各种环境状况，以及个人在生活中遇到的各种事件和刺激。

· 内隐与外显的行为。包括内在的认知和情绪反应，以及外在的行动。

· 后果。后果指的是直接由行动所造成的影响，以及当个体体验到这些后果时的认知与情感反应。

克朗伯兹的社会学习理论认为，凡是成功有效的生涯规划所需的技能，均能够通过连续的工具式学习经验而获得。

◆联结式学习经验（associative learning experiences）

联结式学习经验综合了班杜拉社会学习理论的观察学习和心理学中的古典学习理论。

联结式学习经验是指：某些环境的刺激会引发个人在情绪上积极或消极的反应。如果原来那些中性刺激与能够使个体产生积极或消极情绪反应的刺激同时出现，这种伴随在一起的联结关系，就会使中性刺激也具有积极或消极的情绪作用。克朗伯兹指出，我们对职业的刻板化印象，诸如“医生和律师都是有钱人”“教师和公务员都是轻松的”等，都是通过这种联结式学习经验而习得的。在个体成长过程中，这些观念时常伴随着我们，对生涯的选择有着深远的影响。

问题：我们对职业有哪些刻板化印象？这些印象是怎么来的？这些印象是如何影响你的选择的？

4. 工作取向的技能

前面提到的各种因素，如遗传因素、特殊能力、社会的各种影响因素，以及不同的学习经验等，以一种交互影响的方式使个人形成特有的工作取向技能，这些技能包括解决某些问题的能力、工作生活习惯、工作的原则与价值、特定的情绪反应、知觉和认知的模式等。因此，在克朗伯兹看来，不可避免的偶发事件对个人的生涯发展起到了重要的作用，它可能成为学习机会，我们应该善用这些机缘，拥抱偶然、持开放的心态，善于变通，发展出积极的学习经验，形成对自我和职业世界的积极信念。

7.4 认知信息加工理论

1. 基本假设

1991 年，加里·彼得森、詹姆斯·桑普森和罗伯特·里尔登合著了《生涯发展与服务：一种认知的方法》一书。这本书阐述了一种思考生涯发展的新方法：认知信息加工理论（Cognitive Information Process，CIP）。它基于以下基本假设：

推荐阅读：罗伯特·C.里尔登的《职业生涯发展与规划》。

◆生涯选择以思考和感受为基础。

◆进行生涯选择是一种问题解决活动。

◆作为生涯问题解决者，我们的能力以我们所知及我们如何思考为基础。

◆生涯决策需要良好的记忆。

◆生涯决策需要有动机。

◆生涯发展持续进行，是我们毕业学习和成长的一部分。

◆我们的生涯在很大程度上取决于思维的内容和方式。

◆我们的生涯质量取决于我们对生涯决策和生涯问题解决所了解的程度[1]。

2. 信息加工金字塔

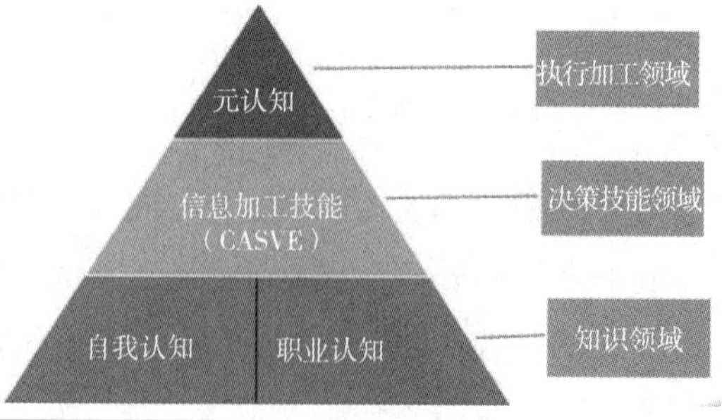

1　罗伯特·C.里尔登，珍妮特·G.伦兹，小詹姆斯·P.桑普森，等．职业生涯发展与规划[M]．侯志瑾，等．译.3版．北京：中国人民大学出版社，2010：12-13.

（1）金字塔的底层：知识领域。这一层包括自我知识和职业知识。自我知识包括对自己的职业兴趣、性格、技能、职业价值观的认识。职业知识包括职业的真相以及该职业对人的要求。当这两方面的信息越多，金字塔的底层就越牢固，也就意味着决策能够建立在充足的信息的基础上。

（2）金字塔的中层：决策技能领域。这一层教给我们决策的五个步骤：沟通→分析→综合→评估→执行，被称为CASVE循环。

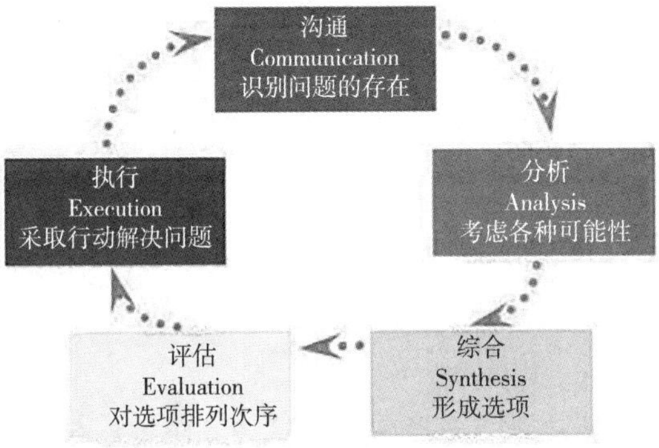

◆沟通

沟通包括内部和外部的信息交流，通过交流使个体意识到理想和现实之间存在的巨大差距。内部的信息交流是指个体自身的身心状态，比如在毕业找工作的时候，你可能在情绪上会感受到焦虑、抑郁、受挫等，在躯体上会有疲倦、头疼、消化不良等反应，这些情绪和身体状态都是提醒你需要进行内部交流沟通的信号。外部的信息交流是指外界的一些对你产生影响的信息，比如宿舍同学开始准备简历就是给你提供了一种外部信息，你也需要开始准备找工作了；又如在求职过程中父母、老师、朋友给你提供的各种建议。通过内部和外部沟通，你意识到自己需要解决某些问题，这样的交流对开始生涯选择十分重要。沟通阶段需要回答的最基本的问题是：此刻我正在思考并感觉到的自己的职业选择是什么？

◆分析

分析，是通过思考、观察和研究，对兴趣、能力、价值观和人格等自我知识以及各种环境知识进行分析，从而更好地理解现存状态和理想状态之间的差距。在分析阶段主要运用的是前两章认识自我和认识职业环境中提到的方法。 在分析阶段需要对两方面的知识进行了解。首先是自我知识，包含了兴趣：我喜欢做什么？做什么事情的时候我最能投入？做什么事情能让我得到享受？价值观：我看重什么？我这辈子希望达到的目标是什么？我希望工作可以带给我什么？性格：我是内向的还是外向的？我关注宏观抽象的事物还是具体细节？我倾向于理性思考还是感性体验？我习惯于有条不紊还是随机应变？其次是环境知识，每一个选择处于什么样的环境？会带来什么样的生活？需要付出什么努力？比如，对于考研来说，需要付出什么努力？花多长时间准备？读研之后的生活是什么样的？研究生毕业之后的求职情况如何？而对于找工作也需要了解每一份职业相关的信息。

◆综合

综合，是根据分析阶段所得出的信息，先把选择范围扩展开来，然后再逐步缩小，最终确定 3~ 5 个最可能的选项。这个先扩大后缩小的过程非常重要。通过分析阶段，我们对自我的各方面都有了很多了解，每一个方面都分别对应着很多职业，把这些职业都列出来，就会得到一个范围很广的选择列表；然后选取其中的交集，就得出缩小了的职业选择范围；然后，把最可能从事的职业限定到 3~ 5 个。最后，可以问自己“假如我有这 3~ 5 个选择，是否可以解决问题，消除现实和理想状态的差距？”如果可以，就进入评估阶段选出最适合的选择，如果还是不能解决问题就需要重新回到分析阶段了解更多信息。

◆评估

评估，对综合阶段得出的 3~ 5 个职业进行具体的评价，评估获得该职业的可能性，以及这个选择对自身及他人的影响，从而进行排序。比如，可以问：（1）对我个人而言什么是最好的？（2）对我生活中的重要他人而言什么是最好的？（3）大体上，对我所处的环境而言什么是最好的？还可以通过生涯平衡单和SWOT分析等方法进行评估。

◆执行

执行，是整个CASVE的最后一部分，前面的步骤只是确定了最适合的职业，还不能带来职业选择的成功，需要在执行阶段将所有想法付诸实践，例如，开始具体的求职过程；也为再一次回到沟通阶段提供线索，以确定沟通阶段所存在的职业问题是否得到了很好的解决。在执行阶段，需要制订计划，进行实践尝试和具体行动。如果没有解决可以再次回到沟通阶段，重新开始一次CASVE循环，直到职业生涯问题被解决为止。

（3）金字塔的顶层：执行加工领域。这一层就是我们的元认知，它负责“发号施令”，比如我们有了底层的关于自我和职业的知识，也知道CASVE循环的步骤，但在什么时候启动和中止这个循环的过程，在这个过程中需要从底层提取什么信息，提取多少信息，以及这个过程进展是否顺利，都由元认知来指挥和监控。

3. 发展元认知的三种重要技能

根据弗拉维尔的观点，元认知就是对认知的认知，其实质就是人对认识或认识活动的自我意识和自我监控。发展元认知有三种重要技能：

（1）自我对话。每天我们都在进行自我对话。“今天又起晚了，上课又要迟到了”“作业还没写完怎么办”“我要不要参加这个比赛呢”……尽管内容不尽相同，但我们每个人自我对话的方式都有些固定的模式。有些人倾向于积极的自我对话，肯定自己、鼓励自己，关注问题的解决；有些人却习惯于消极的自我对话，怀疑自己、贬低自己，纠结于此无法自拔。

（2）自我觉察。自我觉察包括对外部世界的觉察和对自己内心世界的觉察。具有自我觉察品质的人，对外部世界，他们能觉察到周围事物的细微变化，能设身处地地去理解他人，与他人体会到同一种感觉，用他人的方法去认真思考，并能接受他人的观点，作出正确的判断。对内心世界，能了解自己是什么样的人，相信什么，了解自己在现实生活中所扮演的角色，潜在能力和将来要去承担的角色及要达到的目标。

（3）控制和监督。自我监控是在自我对话和自我觉察的基础上，形成随时监控和反馈的习惯。正是具有了自我监控能力，个体能自我进行审视与反省。在个体自我发展和自我实现的过程中，无论是目标的树立、方向的确立、计划的制订还是具体行为、行动的采取、实施、调整、控制，其中每一步骤的顺利完成都是以个体一定的自我监控与调节为手段的，实际上也都是个体自我监控能力的具体表现。因此，在这个意义上，可以说自我监控是个体自我发展和自我实现的根本保证。

实证研究

在作职业选择时，兴趣很重要吗？

高山川等人[1]对63名大学生被试开展了两个实验，采用在环境条件和兴趣水平上有不同程度差异的职位配对来模拟两难决策。结果发现：①对不同组织声望和兴趣水平的职位的选择无性别差异；②组织声望差距与兴趣差距的交互作用能显著预测职位的选择；③对不同城市级别和兴趣水平的职位的选择有性别差异，男生比女生更少放弃兴趣；④兴趣差距、城市级别差距与兴趣差距的交互作用能预测男生的选择，只有兴趣差距能预测女生的选择。结论：个体会为了更好的环境或多或少在兴趣方面妥协。

进一步阅读文献：

[1] 杨连生，刘海燕．马克思的择业观对青年新时代择业的启示 [J]. 社会科学辑刊，2020(5)：154–158.

1 高山川，谭礼笑．环境条件和兴趣对大学生妥协决策的影响 [J]. 心理学探新，2019，39(1)：15-20.

[2] 王玉香，玄铮．“斜杠青年”职业选择的本体性研究 [J]. 中国青年研究，2019(7):107–112.

[3] 崔宝琛，彭华民．社会工作专业学生“管道泄漏”——职业选择多元化的现象透视、逻辑溯源与调试路径 [J]. 社会工作，2019(3)：53–67,110–111.

理想与信念

扎根中国大地，博士生村官的旅游减贫故事

杨兵，中山大学旅游管理专业硕博连读研究生。2017 年获得推免保送研究生资格入学中山大学后，他刻苦钻研，第一学年获得硕士一等奖学金，第二学年入选硕博连读和“优生优培”资助计划（博士一等奖学金）。除学习成绩优秀之外，他还曾获 2019 年中山大学优秀党员、广东省优秀学生干部，2019 年旅游学院新时代榜样奖。杨兵参加旅游减贫工作驻村担任旅游村主任期间，其工作的阿者科村成为农业农村部的“中国美丽休闲乡村”，文化和旅游部的“全国乡村旅游重点村”，参加的旅游减贫项目阿者科计划入选教育部第四届直属高校精准扶贫精准脱贫十大典型项目。该项目第一年创收 60 万元，实现全村 23 家贫困户精准脱贫。

杨兵的经历告诉我们：我们对职业的选择要响应国家号召，迎难而上，学以致用。积极投身专业实践，检验和锤炼自身知识与才干。这是一名党员肩负民族复兴时代重任，践行爱党爱国理想与信念，更是砥砺奋斗和奉献人民的难得机会。

（资料来源：中国大学生在线）

★全国大赛介绍★

全国大学生创业综合模拟大赛

学习强国

青年“拼”图

竞赛简介

“学创杯”全国大学生创业综合模拟大赛是由高等学校国家级实验教学示范中心联席会经管学科组主办的为激励大学生弘扬时代精神，培养创业意识，

提高创业能力，促进高校就业创业教育的蓬勃开展，发现和培养一批具有创新思维和创业潜力的优秀人才，同时鼓励高校组建创业模拟实验实践平台，积极开展各类大学生创业竞赛的一项大型创业赛事。该项赛事主要采用杭州贝腾科技有限公司的《创业之星》软件作为竞赛平台。让学生体验企业若干轮虚拟年度的创业经营决策，从而了解企业管理过程中可能遇到的各种情况与决策内容，提高学生的实践动手能力、对企业的综合管理能力，以及分析问题解决问题的能力。

主办单位

高等学校国家级实验教学示范中心联席会经济与管理学科组。

竞赛内容

校内选拔赛、省赛均采用软件模拟，以软件模拟成绩为最终晋级依据。总决赛经过 “软件模拟经营” 和 “创业策划书答辩”两方面比拼，综合评审裁定和软件系统打分结果。

竞赛形式

大赛分为校内选拔赛、省级选拔赛、全国总决赛等 3 个环节。省级选拔赛以现场赛形式分布选出 120 支本科团队和 30 支高职团队进入全国总决赛。全国总决赛竞赛分为软件对抗和创业计划书两部分，分别计分，按名次核定成绩。

参赛对象

具有学籍本科院校学生以及高职院校学生。

比赛时间

一年一次，3—4 月报名，5—6 月省级选拔赛，详细时间参照官网。

网上练习

我该怎样作出选择?

即问即答

我怎么作决策?

我怎么作决策?

问题：你在选择职业时会看重哪些因素？这些因素是如何排序的？请晒一晒。

第八章　大学生涯该如何规划

金句

青年大学生要发扬艰苦奋斗的精神，弘扬传承“永久奋斗”的革命传统，在奋斗中实现人生价值，做新时代的奋斗者；青年大学生要锐意进取、勇于创新、敢于实践，不畏艰难险阻，积极投身改革开放伟大事业，做新时代的开拓者；青年大学生要涵养家国情怀，热爱祖国、关心社会，要常怀“赤子之心”，奉献祖国、奉献人民、奉献社会，做新时代的奉献者。追梦的道路上纵然荆棘满地、惊涛骇浪，青年大学生只有奋斗不息、斗志昂扬，才能勇攀高峰，无悔于自己的青春，无愧于这个时代。

有一副对联是这样写的，上联是：十个学生，九个忙考试，八天备考，七点起床，背得六亲不认，五官不整，为的是四页试卷，三道大题，最后蒙得二不拉几，一塌糊涂；下联是：一所学校，二个考试周，三餐无味，四面寒风，记得五脏耗竭，六腑不全，为的是七周寒假，八科不挂，最后落得九蒙一中，十分命苦。横批：大学欢迎你。于是，“university”除了被翻译成“大学”外，还有“由你玩四年”或“由你玩世界”。那问题就来了，如何在大学里好好地“玩”呢？所谓好好地“玩”，就是玩得投入，玩得认真，玩出优势，玩出水平，而不是玩得迷失，玩得痛苦，玩到颓废，玩到失控。只有好好地“玩”，才能在大学收获真实的幸福，而要玩得好，就得好好规划自己的职业发展，毕竟，无论你是考研还是就业，大

大学生发展影响因素是教育学、社会学和心理学等关注的重点领域，教育学研究关注的焦点是院校影响力，社会学研究关注家庭的社会经济背景对学生发展的影响，心理学研究关注大学生行为与心理及其家庭结构对大学生发展的影响路径。

学都是你职业起步的前站，大学就是你职业化的开始，不要以为在大学就是读书，因为你的下一站是社会。

8.1 学业规划的目标

1. 知识层面的目标：培养专业学习者

这里所说的学习不仅仅指学习专业知识和技能，更重要的是自主学习能力的培养。不管学任何专业，掌握良好的自主学习能力是最基本的素质。特别是在竞争激烈、信息爆炸的社会，自主学习，乃至终身学习已成为人类生存和发展的必需。联合国教科文组织国际教育发展委员会前主席埃德加富尔曾指出：“未来的文盲不再是不识字的人，而是没有学会怎样学习的人。”自主学习能力不仅包括个体对学习内容、手段、方法和过程的选择和控制能力，还包括持之以恒、循序渐进的学习习惯和脚踏实地的学习作风。以自主学习为核心的学习能力不但突出学习内容的针对性和自主选择性，而且强调创新性和探索性学习，重视问题的提出和解决，重视学有所用，重视交流与合作。

2. 能力层面的目标：培养生涯探索者

舒伯把人的职业生涯分为成长期、探索期、建立期、维持期和卸任期，每个时期都有不同的任务，生涯就是这些任务在时间和空间中的完成和推进。大学生正处在探索期，任务就是“实现职业偏好，发展一个符合现实的自我概念，学习开创更多的机会”，即向外与向内的探索。它不仅仅包括探索的能力，更重要的是持续探索的意识和动力。这种探索也是一个不断发展和创新的过程，它使人最大程度地发挥自己的主观能动性，创造各种条件和机会，让自己在深入内心和深入生活两个维度中不断超越当下的最安全的领域，发展和创造出与过去不同的内容和能力，塑造出一个更丰满更充实的自己。当一个人成为生涯的探索者，他同时是他未来事业的创造者和开拓者。在这个意义上来说，它也是在培养我们创新创业的精神，引导我们从职业生涯的角度来正确看待创业，把职业、事业和创业有机结合起来。

3. 价值观层面的目标：培养社会责任者

大学生虽然从生理上已经跨入了成年人的行列，但过往的教育和生活方式，以及进入大学后身处象牙塔这一特殊环境，并没有真正地养成对自己的现状及未来负责的态度和意识。虽然当代大学生比过去任何时代的人都更彰显个性和崇尚自由，但家长的操心和师长的宽容让我们仍然像个“孩子”，心安理得地继续着放纵与任性的作风。因此，大学生应该利用自己已经觉醒的独立意识，通过组织丰富的社会实践活动，让自己在与人交往和完成使命中，体验自己作为一个独立的成年人，对自己的生命应该承担的责任；作为一个社会的公民，对自己的权利和义务，以及对他人和家庭应担当的责任；作为一个当代社会的知识分子和未来社会的参与者，对国家与民族的前途应履行的责任。

问题：你认为学业生涯与职业生涯是什么关系？

8.2 大学的专业类别

分专业学习是大学学习的特色，即以某一专业为主，通过系统的专业学习，大学生能掌握一门专业知识，而且具有能较好地运用专业知识来解决本专业领域内的实际问题的能力。因此，理性地思考所学的专业和职业的关系，能够坚定自己的专业方向，激发自己的学习热情，培养积极的学习态度，避免出现认识上的误区。

近年来，毕业生人数增加，就业的竞争和压力也不断增大。若毕业生自身没有明确的职业规划，缺乏对工作岗位和自身能力的认识，或者是对所学知识转化能力不足，不能接受期望与现实的落差，就很可能找不到自己满意的工作。

大学的专业门类有12大类，具体包括哲学、经济学、法学、文学、理学、工学、医学、管理学、历史学、农学、军事学、教育学。

在专业门类下，还分一级学科和二级学科。目前在12个专业门类里，有89个一级学科，在这之下，又包含了385个二级学科。比如说哲学一级学科下就有8个二级学科：马克思主义哲学、中国哲学、外国哲学、逻辑学、伦理学、美学、宗教学和科学技术哲学。

大学生要清楚自己所学的专业属于哪一学科门类和哪个一级学科类别，然后要对一级学科的基本特色有所了解，把握本学科与相近学科的前沿知识和发展动向，以及本专业在学科中的位置和生存发展空间。

大学生还要对所在学院的专业人才培养方案有所了解。不同的院校会根据自己的学术水平、服务对象、社会影响等对培养的人才有一个基本模式，比如这些专业人才都具备哪些能力，一般会进入哪个行业领域工作，是走研究型道路，还是走应用型道路，或是走复合型道路，是去做技术工作、设计工作、管理工作，还是其他。

专业学习的过程是培养学习能力和思维能力的过程，通过专业学习培养起来的综合素质比掌握专业知识本身更重要，这些素质和能力将终身受用，因此，以“不喜欢所学的专业”和“以后肯定不做与专业对口的工作”等为理由一味抱怨专业，为自己的懒惰、不思进取找借口都是不可取的。

学习绝不能局限于课堂内，而应该扩展延伸到各种课外校外的非正规学习场所中，比如博物馆、科技馆、水族馆、动物园、植物园、遗址公园、地质公园等。

专业与职业对口时所学知识的转移较快，对工作的适应期也比较短。

我们以重庆理工大学为例来进行说明，从重庆理工大学 2019 年的招生简章中可看到学校部分专业实行按大类招生。机械类（含机械设计制造及其自动化专业、机械电子工程两个专业）；材料类（含材料科学与工程、高分子材料与工程、焊接技术与工程三个专业）；电气类（含电气工程及其自动化、自动化两个专业）；工商管理类（含市场营销、工商管理、物流管理、人力资源管理四个专业）；金融学类（含金融学、金融工程两个专业）；计算机类（含计算机科学与技术、物联网工程、网络工程三个专业）、电子信息类（含电子信息工程、通信工程、光电信息科学与工程三个专业）、公共管理类（含行政管理、土地资源管理、劳动与社会保障三个专业）、化工与制药类（含化学工程与工艺、应用化学、过程装备与控制工程三个专业）、药学类（含药学、制药工程两个专业）

如果要了解具体的专业培养情况，可以在官网上看到，如果想了解重庆理工大学会计学专业的培养情况，可以在报告指南的专业详情里看到，会计学专业的培养目标：本专业培养适应社会主义市场经济建设需要，具备人文素质、科学精神和诚信品质，掌握会计、管理、经济、法律和计算机应用的知识和能力，具有实践能力和沟通技巧，能够在工商企业、金融企业、中介机构、政府机构、事业单位及其他相关部门胜任会计及相关工作的应用型、复合型、外向型和创新型专门人才。会计学专业的核心课程：管理学、经济学、会计学基础、管理信息系统、中级财务会计、高级财务会计、财务管理、管理会计、成本会计、审计学、会计信息化、税法、经济法、课程实习、财务会计课程实习、财务管理课程实习、税法课程实习、企业经营实战沙盘模拟、专业实习、毕业实习、毕业论文等。会计学专业的就业去向：学生毕业后可在工商企业、银行金融、事业单位及政府部门从事会计实务工作以及考研、出国深造等。

那么我们如何了解一个大学的专业呢，最简单的办法是登录该大学的官方网站，进入校园网论坛看学校的学生日常讨论，从其讨论的内容可以真实地了解该校的管理情况（食堂、宿舍）、教学硬件（教室、图书馆、实验室）、教学软件（教师、教学管理、考试管理）。

问题：你认为可以通过什么样的方式了解你所学的专业？

了解一所大学不能只看官方介绍，其发展历史、教师的传承、实验室的设备、毕业生的认可度、就业率、硕士点、博士点的多少、两院院士数量这些方面就可以反映一所大学、一个专业的实力！

8.3 制订学业规划的基本步骤

很多大学生为了拿学分毕业而学，被动地听老师授课，所学知识凌乱无章，不能形成完整的体系，自然无法为己所用。临毕业了才开始匆忙规划，但因为前期的准备不够，与职业有关的能力、素质积累不足。

1. 学业规划的目标选定

首先，分析自己的兴趣爱好，认定自己想干什么，兴趣是理想产生的基础，要择己所爱，选择自己喜欢的专业方向和研究领域进行钻研学习。

其次，分析自己的能力、特长，确定自己能干什么。能力是人的综合素质在现实行动中的表现，是实现人的价值的一种有效方式，也是支配人生命的一种主导性的积极力量。因为任何一种职业都要求从业者掌握一定的技能，具备一定的条件，所以要结合自己的兴趣爱好，在认定自己想干什么的基础上确定已经具备的能力和应该培养的能力。

再次，分析未来，确定社会需求是什么。着眼未来，预测趋势，立足于社会不断变化发展的需求，避免盲目跟风，因为最热门的并非最好的，选择社会需要又适合发挥自身优势的专业方向和研究领域才是最好的。要把自己的兴趣爱好、能力特长同社会需要结合起来，把想干什么、能干什么、社会需要干什么有机结合，才是学业规划的关键所在。

2.学业规划的计划分解

一个规划要想具有可行性，就必须将学业规划目标做成年度分解，这样才能循序渐进，一步一个脚印，最终实现学业规划的总目标。

具体来说，大学一年级的年度目标主要是熟悉环境和人，弄清专业性质和课程体系，打好外语、数学和计算机基础。大一由于时间充裕，不开设专业课，这段时间应该好好利用，形成正确的世界观和价值观，为后来的学习生活打下坚实的基础。

大学二年级的目标是打好“学科基础”，做到宽口径、厚基础、博览群书、扩大知识面。这需要在认真分析和总结大一缺点和不足的基础上，更加明确目标和方向，努力学好各门必修课和选修课。积极参加社会实践活动，不放过任何一个锻炼机会，培养良好的学习和生活习惯。

大学三年级的目标是打好“专业基础”，大量阅读专业书籍，提高写作能力，完善和修正学业目标。大三要开始为就业积极准备了，要把所学的专业知识与现实相结合，同时锻炼自己的工作能力和应聘能力。

大学四年级的目标分为备战考研或出国、毕业论文写作、求职就业三个方面，对于考研或出国，要做好充分而长期的准备。毕业论文写作要充分收集材料，进行资料的整理和分析，保持与导师的良好沟通与交流。求职就业，要充分了解劳动力市场的信息，掌握各种面试技巧，积极面对求职压力。

3. 学业规划的评估修正

对学习效果的评估可以考虑以下几个方面：一是个体认知能力的变化；二是个体情绪情感的变化；三是个体适应、塑造并创设情境能力的变化。

对于规划而言，评估是相当重要的，一个规划是否完整，是否具有可实施性，需要对其进行正确的评估。所以，在实施过程中，应采取自我评估和他人评估相结合的方式，坚持每月规划评估一次，保证其合理性和可实施性。

学业规划是一个有机的、持续不断的探索过程，随着自身条件和外部环境的变化而变化。规划是在客观现实的基础上合理的逻辑推理，所以应具有一定的弹性，在实际操作过程中，把合理的规划与实际相结合，坚持原则性与灵活性相结合，这样才能使规划的目标真正实现。

在实施过程中，及时对环境和条件作出评价和估计，对自己的执行情况作出反馈，由于现实生活中种种不确定因素的存在，我们应该及时反省和修正我们的学业目标，变更实施措施与计划。分析原因和障碍，找出改进的方法和措施。

4. 学业规划的动态管理

在学业规划执行的道路上有几个“小鬼”，经常成为我们难以坚持计划的绊脚石，看清这几个小鬼，保持良好的心态，是保证学业规划完成的重要手段。这几个小鬼是游戏、睡懒觉、没目标、不运动。

推荐阅读：柯维的《高效能人士的七个习惯》。

8.4　学业规划的内容

从学业规划的概念可以看出，大学生学业规划主要有三大部分。

1. 掌握学习的内容

学习不是对知识的简单加工，不是单一的知识训练活动，而是复杂的、深层次的、多向度的意义建构活动。

大学教育既是通识教育，又是专业教育。通识教育，又叫博雅教育，目的是培养学生养成独立思考的能力和批判性思维，能够有效地思考问题并清晰地表达思想，作出理性判断。正如《中庸》中主张，做学问应“博学之，审问之，慎思之，明辨之，笃行之”。古人一贯认为博学多识就可达到出神入化、融会贯通的境界。从博览群书中形成自己的广阔视野和灵活多变的视角，能够与古往今来的思想家和哲人互相交流，从而懂得能够以宽广的心胸欣赏和拥抱这个世界的多元。唯有思维的多元与灵活，才能让生活变得开放与丰富。

专业教育是就人才培养的方向而言的，它是根据现有的社会职业分工和市场对人才的需求，将某一领域的相关知识以系统的方式传授给学生，使学生能够通过学习，掌握这方面的基础理论和实践技能。专业教育不仅能够传授专业的知识，还可能教给我们专业的态度和专业的技能，这些在未来社会都是安身立命之本。专业知识可使你在擅长的领域里不断精进，成为不可替代的专家，是你在未来社会中最核心的竞争力。

2.善用学习的资源

主要包括书籍、课程、活动。

◎书籍：在大学期间应该合理地搭配这三类书籍。

第一类，经典类。比如商务印书馆出版的“汉译世界学术名著丛书”，这套丛书将国外丰富精深的学术思想引入中国，开阔了几代读者的视野，滋养了几代学人的情操，被陈原赞许为“迄今为止，人类已经达到过的精神世界”。丛书内容丰富，包括哲学类、历史地理类、政治法律社会类、经济类、语言类。

问题：你平时喜欢看什么书？很多著名高校都为本科生开出了必读书单，所列的书你看过吗？

第二类，专业类。不同的学科都有这门学科“奠基石”式的教材，比如学心理学就要看理查德·格里格和菲利普·津巴多的《心理学与生活》，学经济学就要看曼昆的《经济学原理》，学法学就要看博登·海默的《法理学：法律哲学与法律方法》，学管理学就要看斯蒂芬·P.罗宾斯的《管理学》，学营销学就要看菲利普·科特勒的《营销管理》等等。专业类的书籍值得长期持有，反复阅读，甚至在工作之后，不同时期看会有不同的收获。

第三类，兴趣类。比如一些畅销书、小说、名人传记、随笔、杂文等，这些书可以让我们紧随时代，与时俱进。比如路遥的《平凡的世界》、柴静的《看见》、刘瑜的《民主的细节》、费孝通的《乡土中国》、凯文·凯利的《失控：机器、社会与经济的新生物学》等。

◎课程：课程不仅包括校内课程，还包括线上丰富的资源。世界是平的，我们可以不出国门就能看到国外大学的精品课程。

◎活动：大学的学习不再是单纯的书本学习，更为重要的是在实践中的学习，在社会中的学习，因此，校内校外的活动也是学习的一个重要场所。这些活动主要分为以下三大类：

（1）学科竞赛与创新创业类。当前，在高校中有多种类型的国际性、全国性或区域性的比赛，比如“挑战杯”、数学建模竞赛、“创青春”全国大学生创业大赛、全国大学生英语竞赛、重庆市大学生物理创新竞赛、重庆市大学生单片机竞赛、全国大学生金融精英挑战赛等。

（2）社团文化类。社团活动是锻炼大学生各项技能的平台，这些活动极大地丰富了大学生的课外生活，也营造了良好的校园文化。这些活动主要分为两类，一类是学术活动，比如学子百家讲坛、研究生学术论坛、励志讲坛、大学生辩论赛等；另一类是文艺体育活动，比如十佳歌手、“青春杯”、主题征文比赛、大学生运动会等。

（3）志愿服务类。大学生可以参加的志愿服务活动的内容是非常广泛的，主要有为偏远山区和贫困地区提供教育服务、为困难家庭的子女提供补习功课服务、到社区或敬老院提供助老助残等服务、到大型的体育比赛或国际会议提供志愿服务、到环保组织开展绿色环保服务等，中国志愿者网有关于全国志愿者活动的消息和报道，各地也有许多志愿者的组织，如果你想做一名志愿者，可以有很多方法实现自己的愿望。

3.培养学习的习惯

大学里每个人自由支配的时间较中学有所增加，学习的自主性也大大加强，因此，养成良好的学习习惯对顺利完成学业来说至关重要。良好的学习习惯包括合理安排时间、学会预习、学会做笔记、学会创造学习环境。

合理安排时间：首先你要清楚计划自己一周内所要做的事情，然后制订一张作息时间表。在表上填上那些必须花的时间，如吃饭、睡觉、上课、娱乐等。安排好这些时间之后，选择合适的、固定的时间用于完成正常的阅读和课后作业。当然，学习不能占据作息时间表上所有的空闲时间，因为我们还要给休息、业余爱好、娱乐留出一些时间，这一点对学习很重要。适当的放松对保持良好的学习状态有着积极的影响。

实证研究

大学生的专业兴趣可以培养吗?

刘霄等人[1]发现，我国大学生的专业兴趣在四年的学习中是不断发展变化的。首先，我国大学生入学时的专业兴趣度较高。而且，随着年级的升高，学生对专业的兴趣程度呈增强的趋势。同时需要注意的是，对专业不感兴趣的比例在四年里也有所增长，这主要是因为不确定专业兴趣的学生在四年的发展过程中逐渐变少了。具体来看，在大一对专业不感兴趣的学生，经过大学四年的学习经历，超过一半（58.2%）的学生变得对专业感兴趣，也有少部分学生仍然对专业不感兴趣（40.2%）。而对于大一就对专业感兴趣的学生来说，该群体内绝大部分学生在大学四年保持了初始的专业兴趣，但也有少部分（约12%）学生变得对专业不再感兴趣。

1　刘霄，蒋承．大学生的专业兴趣可以培养吗——基于本科四年发展数据的动态分析 [J]．教育发展研究，2017，39(19)：33-39,70.

进一步阅读文献：

[1] 马莉萍，朱红，文东茅 . 入学后选专业有助于提高本科生的专业兴趣吗：基于配对抽样和固定效应的实证研究 [J]. 北京大学教育评论，2017，15（2）:131–144，190–191.

[2] 涂阳军，何旭明 . 学习兴趣测量研究述评 [J]. 大学教育科学，2013（1）：52–58.

[3] 张进明，孔锦，陈同扬，等 . 大学生专业兴趣调查研究—以南京工业大学低年级大学生为例 [J]. 高校教育管理，2014，8（4）: 109–114.

理想与信念

以农立心的“泥坑博士”

河南农业大学农学院种子科学与工程专业学生吕伟增在大学学习期间，扎实学习钻研作物育种、作物栽培、植物生理学、昆虫学、病理学等专业知识。作为学习委员的他，为同学们树立了学农爱农的榜样，他每年都获得学业奖学金。为了能够学以致用，做到理论与实践相结合，他利用暑假兼职农资销售工作，直接下田识虫草，深入大棚辨病害，向农户学习交流农业生产一线技术。他将课堂学习的农业知识与农民种植管理的经验相结合，逐渐形成了属于自己的农业生产技术理论体系。大学期间，他除了学好专业知识之外，积极参加学校组织的 MYB 创业培训课程，参与导师的科研项目，组建团队参加“创青春”课外学术大赛和创新创业大赛，获得了第二届中国“互联网 +”创新创业大赛铜奖、河南省“创青春”大学生创新创业大赛金奖等国家级、省级大赛奖项 10 余次，荣获学校“大学生创新创业标兵”、最美大学生等多项荣誉。

吕伟增的经历告诉我们：大学生是青年群体中的中坚力量，肩负着实现国家富强、民族复兴、人民幸福的时代重任，广大青年大学生要牢记习近平总书记的殷切嘱咐，抓住时代机遇，树立远大志向，时刻保持昂扬斗志，在实践中淬炼品格、增长本领。青年大学生要勇立时代潮头，积极投身到实现中华民族伟大复兴的伟大征程中去，做新时代的青年追梦人。

（资料来源：中国大学生在线）

学习强国

为什么要学习马克思主义？

★全国大赛介绍★

中国大学生计算机设计大赛

竞赛简介

中国大学生计算机设计大赛于 2018 年被正式纳入国家学科竞赛排行榜，对计算机应用能力的培养、创新创业人才的培育、大学生就业工作的促进以及教育教学改革都具有重要意义，是全国大多数高校高度重视的专业学科竞赛。“大赛”作品的计算机设计技术主要是依据理工农医类专业《计算机基础课程教学基本要求》以及《文科类专业大学计算机教学要求》的核心内容，全体参与赛事人员(包括选手、教练、评委，以及与大赛相关的其他人员)安全保障措施是“计算机大赛”举办的前提，是非营利的公益性的赛事。大赛的生命线与遵从的原则是公开、公平、公正、廉洁。方向是在我国营造一个大学生所信任、欢迎、热爱、向往的大赛。在全国计算机学科有较大的影响力，是全国大学生展现计算机应用与创作能力的重要平台。

主办单位

教育部高等学校计算机类专业教学指导委员会、教育部高等学校软件工程专业教学指导委员会、教育部高等学校大学计算机课程教学指导委员会、教育部高等学校文科计算机基础教学指导分委员会、中国教育电视台联合主办。

竞赛内容

目前分设软件应用与开发类、微课与课件类、数字媒体设计类普通组、数字媒体设计类专业组、计算机音乐创作类、数字媒体设计类中华民族文化组、软件服务外包类等类组。流程包括作品展示、作品说明、作品答辩、作品点评。

竞赛形式

“大赛”过程分初赛和决赛两个阶段，初赛主要通过省级(直辖市、自治区级)预赛和国赛网评的方式筛选作品，决赛采用现场演示和答辩方式。

参赛对象

本科各专业学生，即文史哲法教类、经管类、艺术类、理工类、农林类、医药类等六大系列的所有在校学生。

比赛时间

每年举办一次，决赛时间一般在当年7月至8月。

奖项设置

奖项分为省级一等奖、省级二等奖、省级三等奖、国家级一等奖、国家级二等奖、国家级三等奖。

网上练习

大学应该怎么过?

即问即答

大学职业生涯规划的意义是什么?

大学职业生涯规划的意义是什么?

问题：你的学习目标是什么？通过何种途径或手段达到学习者所期望的目标？怎样知晓已经发生的学习达到了自己所预期的目标？请晒一晒。

第三部分　就业指导

第九章　如何准备求职材料

金句

广大青年要牢记“空谈误国，实干兴邦”，立足本职、埋头苦干，从自身做起，从点滴做起，用勤劳的双手、一流的业绩成就属于自己的人生精彩。要不怕困难、攻坚克难，勇于到条件艰苦的基层、国家建设的一线、项目攻关的前沿，经受锻炼，增长才干。要勇于创业、敢闯敢干，努力在改革开放中闯新路、创新业，不断开辟事业发展新天地。

问题：简历的作用是什么？为什么需要一份简历？

“大学生就业”——从高校不再包分配，开始双向选择就业时，就成了国家政府、社会和高校关注的重点。近几年随着大学应届毕业生人数年年攀升，国家经济发展转型，带来的大学生就业压力越来越大。有研究表明，对大三、大四年级的学生和刚毕业的学生调查显示，他们对就业都有不同程度的焦虑和担心。大学生要找到一份工作，找到一份满意的工作，需要做大量的准备，运用大量的社会关系，可能延续很长的时间，需要反复试验，必要时还要作出后期的评价调整。对每一位求职大学生来说，都是一项“专项工程”，需要有计划、有组织、有能力去完成这项工程。

9.1　就业信息的收集

就业信息的收集是就业准备的第一步，是求职过程中关键的环节。随着信息时代的不计其数的信息涌现，能及时地从大量的信息中收集整理出有效的信息，就已成功了一半。大学生求职过程中要特别注意如何高效地收集和吸收就业信息，提高求职成功率。

1. 就业形势与政策的了解

大学生首先应对当前经济社会形势进行了解，明确社会就业形势状况，作出大学生就业形势判断，来指导个人的就业思路。其次是近年来国家、地方政府越来越重视大学生就业工作，针对大学生就业有很多宏观层面上的政策和措施。大学生应针对个人的职业诉求了解相关的政策和法规，进行求职定位和职场信息的收集。

> 问题：国家鼓励大学生就业的政策有哪些？地方鼓励大学生就业的政策有哪些？

比如每一位大学生都应了解《中华人民共和国劳动合同法》《中华人民共和国劳动法》等相关法规。近几年，国家实施强军计划和鼓励大学生创业，国家和地方都出台了鼓励应届大学生应征入伍和创业的相关规定和扶持政策，有意向的大学生都应对相关政策和法规进行详细的了解和认识。为了鼓励大学生到基层和边远地区就业，国家和地方政府同样有相关吸引大学生的优惠政策。再如，有些地方和城市对外地生源大学生在本地就业也会有相关的户口规定等，各大高校还会根据国家和地方的政策和要求制定一些补充规定和政策支持，这些都应是大学生在求职前应了解和掌握的信息。

2. 就业的方式和方法

大学生就业的方式和方法有很多种，没有哪种是必需的方法，也没有哪种是多余的，大学生多使用的和企业多接受的方式方法有以下几种：

通过邮件求职：应聘者通过邮箱、招聘网站、企业官网等给企业或者企业的招聘人员发送个人简历，由企业进行筛选确定招录人员。

通过招聘会求职：应聘者通过参加政府、学校、人才市场或者企业等组织的招聘会，现场向企业投递简历进行应聘。

通过他人推荐求职：应聘者请老师、友人、家长等与企业有联系的人员推荐求职的方式。

通过实习求职：应聘者先通过实习实践的方式进入企业工作，然后再向企业发出求职申请的方式。

通过电话求职：应聘者通过与企业招聘人员通电话、视频交流等方式进行应聘。

3. 了解就业市场

问题：这几年大学生的就业市场有什么变化？这些变化对你来说意味着什么？

首先，大学生应了解本专业在当前社会的就业形势，了解本专业在国内或本地区的近三年的就业状况、社会需求情况、竞赛情况等，了解行业发展形势。关注国家对行业的宏观政策和发展战略，了解与所学专业相关的行业发展形势和发展前景。还应了解行业的从业要求、待遇、从业人员发展方向等信息。比如，近几年，随着“互联网+”的发展，信息行业的发展状况和发展前景及对从业人员的要求都发生了巨大的变化，大学毕业生要想进入“互联网+”行业，就应及时了解这些变化。

其次，对大学生的就业市场的运行作全面的调查了解。国内专门针对大学生就业的市场繁多，从国家到各省市和地区、学校都有专门的人才市场和招聘网站，这些市场和招聘网站都会定期和不定期地召开应届毕业生专场招聘会，随时发布招聘信息。这些市场还会针对行业、职位和特殊地区或企业举行招聘会或发布相关信息。

4. 了解职位信息

当大学生确定就业意向后，应主动收集到足够多的相关职位信息，以帮助个人就业。第一，企业的类型和规模，发展历史沿革、发展前景和潜力、企业架构、企业精神；第二，企业的业务内容、涉及的行业领域、服务对象和影响地区、竞争对手和竞争产品等；第三，公司的管理风格、文化氛围、组织结构、员工规模、用人机制及工作氛围等；第四，公司的员工发展及培养计划，公司的员工待遇收入、福利等相关信息；第五，具体职位的工作性质、工作内容、岗位要求、具体的薪资福利、在公司的发展路径和政策支持等内容。

9.2 求职信的撰写技巧

第一，求职信首先应明确表达出求职意向的主观愿望，然后才是展示个人的知识素质和特长与职位的相适性。应届毕业生没有工作经验和具体的职位技能，因此不要过分强调个人能力和资格正是用人单位的需要，可以通过表述对职位的了解和对加入组织的兴趣，并解释它为什么让你感兴趣。如“我深刻认识到当今的销售人员与以往传统的销售人员完全不同……”这样的表述会让你的求职信更加个性化，更突出你对职位的理解和兴趣。

问题：求职信的作用是什么？什么时候需要写求职信？

第二，求职信要突出你的优势和技能，把职位的要求具体化、详细化，站在用人单位的角度，看看你的哪些优势和技能是他所欣赏和需要的，并在信中把你的职业目标、专业背景、价值观和用人单位的需要建立一种匹配，让用人单位认可。

第三，在求职信中突出你的创新能力和务实精神，会让你的求职信脱颖而出。因为这是大多用人单位对应届毕业生的期望和要求。

第四，针对招聘要求写，仔细分析用人单位的招聘要求，注意哪些内容是要直接而明确地告知，哪些内容可以用案例、事实来表述。

第五，撰写要简洁明了，可以是个性化的，但一定要文字简练，内容真实，情感真诚。

第六，留下联系方式，表达希望获得面试的意愿和请求。

第七，注意发送求职信的电子邮件时，一定要按照商务沟通和用人单位的要求发送，而不是使用网络常用的格式、缩写格式等。

9.3 求职简历撰写技巧

第一，简历一定要简单。对于大学毕业生来说，一般包括个人基本信息、求职意向、教育经历、实践经历、与职位相匹配的知识技能和品质、获奖情况等主要内容。

问题：简历上要写哪些内容？如何筛选这些内容？如何呈现这些内容？

个人基本信息：姓名、性别、证件照片、学历、联系电话等。

求职意向：明确说明目标职位或岗位。

教育经历：与目标职位相关的专业学习经历，就读学校，学习掌握与目标职位相关的系统知识的经历，包括专门的培训经历。

实践经历：与目标职位相关的校内外工作实践经历，应对用人单位、工作时间、职位、工作内容及成绩做简要描述。

获奖情况：在各项活动、工作中获奖情况，特别突出与目标职位技能或品质要求相关的获奖，有利于用人单位了解你展示的突出优势正是他所需要的能力。

其他信息：应聘者在简历中还可以根据用人单位的要求和喜好对个人作出自我评价，列出对胜任目标岗位有帮助的爱好特长。

应届毕业生因为经历简单，一般用一页的简历就足够了。

第二，简历一定要有针对性。对用人单位来说，他只招聘最合适的人才到指定的职位，而不是最优秀的人才。简历一定要针对应聘岗位的要求来写，而不是做一份通用简历投向多个用人单位，这只会让你的简历石沉大海，而不是脱颖而出。

第三，简历一定要真实。有个别应届毕业生会因成绩不理想或实习实践经历单一而在简历中编造虚假信息，以期提升用人单位给予面试的概率。但事实是用人单位一旦发现简历中存在不真实信息，无论你多优秀，都会被拒绝。简历的真实性表现出的是应聘者的诚信品质，任何一家用人单位都不会用品质有问题的人。

第四，简历一定要有条理性。简历的风格可以多种多样，具有个性，但内容一定要条理清晰，容易阅读。简历是应聘者的名片，只有清晰可见的简历，才能让应聘者的才能一目了然地展示在用人单位面前。

第五，简历中不能做的事。简历中不能出现低级错误，如错别字、排版错误等。不要在简历中提出薪资要求，不要提到任何负面信息，不要过多说明个人的人生观和价值观。

对简历撰写和制作会有很多不同的看法和方法，甚至每个人都会有自己的看法，有关简历的书籍也非常多，在网络上能搜索到所有你能想到的与简历有关的问题和主题，我们这里提到的是针对大学毕业生关于简历撰写最重要的部分。关于简历的模板，更是数不胜数，读者完全可以自制模板而不是抄录他人的。

简历修改范例

照　片

求职：投资拓展/营销策划

21岁 | 江西吉安 | 18084041962 | 9747909@qq.com |

教育背景

2015.9-2019.6　|×××重庆理工大学×××|×××××××××@qq.com|土地资源管理（本科）

GPA：3.12/3.26（专业排名靠前，无挂科记录）
专业课程：土地利用规划学、房地产估价、土地信息系统、建设用地管理、土地统计学等

工作经验

2018.9-2018.10　重庆华康资产评估土地房地产估价有限责任公司　实习生

- 收集委托人的资料，实地调查委托对象即房产的相关信息
- 运用Office办公软件，基于专业知识，按照估价步骤，选定估价方法，得到估价结果
- 核实估价过程和成果，逐级批复，生成估价报告

2018.6-2018.8　深圳市世联土地房地产评估有限公司重庆分公司　数据采集员

- 按照公司给定的任务，去重庆各个区域收集楼盘相关信息
- 在收集信息前要做好相应的计划，规划路线，节省时间和成本，提高工作效率
- 严格按照公司的要求采集完整的数据，做好记录，收集完所有信息后，用办公软件对信息进行整合、汇总

2017.9-2017.12　重庆龙湖地产公司　展点协销

- 掌握所负责楼盘及其他开发商类似楼盘的详细信息，对客户进行登记并介绍相关楼盘信息，突出楼盘的优势
- 把握访客心理，得到顾客的联系方式，吸引顾客对楼盘的关注，和客户保持一定粘性的联系

2017.2-2017.6　重庆三中英才培训学校　自习老师

- 辅导学生作业，与学生交流，引导学生有效学习，向老师和家长反馈学生的学习进度

其他经历

组织并参与了多期广西师范大学出版社重庆站读书会，热爱读书和与人分享；主动参与和组织了一个学习小组，由卡夫卡短篇小说作为切入，学习法理；大二期间学习了半年的西班牙语

技能和荣誉

- 英语技能：CET-4
- 电脑技能：能够熟练使用Office办公软件，能够较熟练操作ArcGIS、以及CAD软件，能简单操作SPSS
- 获得2016-2017校级三等奖学金

自我评价

四年的大学生活更多的时间用在学习与校外实践，接触过不同行业，面对未来的工作和生活，更加自信。以下是我的优点：
- 学习能力、适应能力、抗压能力强，能够快速抓住要点并集中精力持续投入工作
- 善于倾听和思考他人带来的有效建议，能与他人高效、高质量的合作
- 热爱工作，精力充沛，热爱房地产这一行业，对房地产企业未来的发展十分看好

个人信息

× ×

求职：投资管理/营销管理

电话： ×××××××××××

邮箱： ×××××××××@qq.com

照　片

教育背景

2015.9-2019.6　　**重庆理工大学**　　**土地资源管理**

GPA：3.26 （班级排名前 20%）

专业课程：土地利用规划学、房地产估价、土地信息系统、建设用地管理、土地统计学、土地经济学等

实习经历

2018.9-2018.10　　**重庆华康资产评估土地房地产估价有限责任公司**　　**资产评估部实习生**

公司简介：华康评估公司隶属于重庆康华团队，西部综合排名第 2，全国综合排名 24 位

工作内容：收集委托人的资料，实地调查委托对象即房产的相关信息

运用 Office 办公软件，基于专业知识，按照不动产估价步骤，选定估价方法，得到估价结果

核实估价过程和成果，逐级批复，生成估价报告，估价报告等文件的整理归档

成绩：完成对一个房屋抵押贷款的房地产评估项目的全过程跟进

收获：提高了沟通能力，作为一个第三方的机构，需要在与委托人以及法院、银行之间斡旋

提高了专业技能，在工作经验夯实房地产估价的专业知识

2018.6-2018.8　　**深圳市世联土地房地产评估有限公司重庆分公司**　　**数据采集员**

公司简介：世联评估公司，1993 年创设于深圳，下设十二家分公司，向全国提供全面的土地房地产资产评估专业服务

工作内容：按照公司给定的任务，去重庆各个区域收集楼盘相关信息

在收集信息前要做好相应的计划，规划路线，节省时间和成本，提高工作效率

严格按照公司的要求采集完整的数据，收集完所有信息后，用办公软件对信息进行整合

成绩：在工作期间内，工作量超出同期兼职人员 50%

收获：提高了自我管理能力，有效针对目标进行规划，合理规划时间和路线

提高了应变能力，在计划与现实冲突时，积极地及时应对

在室外工作中，锻炼了自己实际操作能力和耐力

2017.9-2017.12　　**重庆龙湖地产公司**　　**展点协销**

工作内容：掌握所负责楼盘及其他开发商类似楼盘的详细信息，对客户进行登记并介绍相关楼盘信息，突出楼盘的优势；把握访客心理，得到顾客的联系方式，吸引顾客对楼盘的关注，和客户保持一定粘性的联系

收获：提高了情商管理能力，在营销行业内，需要积极主动，学会钻研顾客的心理，从顾客的角度去想事情

技能和荣誉

英语技能：CET-4

电脑技能：能够熟练使用 Office 办公软件，能够较熟练操作 ArcGIS、以及 CAD 软件，能简单操作 SPSS

获得 2016-2017 校级三等奖学金

实证研究　　党员身份能够增加面试机会吗？

葛玉妤等人[1]用配对简历的实验方法研究了大学生党员身份对面

1　葛玉妤，杜慧超，吴清军．大学生党员身份对面试通知的影响——基于配对简历的实验方法 [J]．世界经济文汇，2020(4)：1-12.

试通知的影响。配对简历是指每位实验参与者制作两份简历，一份是真实简历，一份是只改变党员身份而得到的假简历。研究得到的结论是：（1）真实简历的分析结果（即相关关系）显示，现实生活中党员大学生的确会收到更多面试通知；（2）配对简历的分析结果（即因果关系）显示，党员身份不会帮助大学生收到更多面试通知；（3）实习次数是相关关系和因果关系表现不同的重要原因。如果只关注因果关系，结论似乎意味着党员身份对面试通知没有帮助，但实际上党员学生因有更强的沟通、合作能力而获得更多实习次数，后者对面试通知具有决定性作用。

进一步阅读文献：

[1] 葛玉好，邓佳盟，张帅 . 大学生就业存在性别歧视吗？——基于虚拟配对简历的方法 [J] 经济学，2018，17(4)：1289–1304.

[2] 李彬，白岩 . 学历的信号机制：来自简历投递实验的证据 [J] 经济研究，2020，55(10：176–192.

[3] 罗蕴丰，高文娟，王雪纯 . 名企实习，价值何来？——基于 2015 年高校毕业生就业调查数据的实证分析 [J] 教育与经济，2019(3)：20–28.

理想与信念

格物致知　生命路上的“追光者”

吴英成，男，中共党员，南通大学医学院（护理学院）2016 级本科生。2019 年获第十六届“挑战杯”全国大学生课外学术科技作品竞赛特等奖（第一完成人）。在校期间，获国家奖学金、江苏境外学习奖学金、南通大学一等奖学金等，先后被授予“南通市三好学生”“江苏省优秀共青团员”等荣誉称号。吴英成围绕肿瘤免疫疗法开展了一系列研究，以第一作者在 *Cell Rep*、*Int J Cancer* 等发表 JCR 一区 SCI 论文 5 篇，单篇影响因子最高 8.2 分。论文被《国际肿瘤学》选为研究亮点，被国际学术权威机构 Faculty of 1000 推荐。其成果得到了《科技日报》、《新华日报》、国家自然科学基金委员会科学传播中心等 50 多家国内外媒体的关注。《科技日报》评论其成果“为癌症免疫疗法开辟了一个新的治疗途径，是肿瘤免疫治疗领域的重要突破”。

吴英成的经历告诉我们：信仰无声，拳拳赤子心就是最好的名声；生命无华，殷殷报国行就是最好的芳华。我们要坚守学术初心和科研本真，追求务实创新，把论文写在祖国大地上。

（资料来源：中国大学生在线）

学习强国

青年就业：“大处着眼”与“小处着手”

★全国大赛介绍★

全国大学生机械创新设计大赛

大赛简介

全国大学生机械创新设计大赛经教育部高等教育司批准成立大赛组织委员会，是由教育部高等教育司发文举办的全国理工科重要课外竞赛活动之一。全国大学生机械创新设计大赛也是一项公益性的大学生科技活动，也将承担起一定的社会责任。加强教育与产业之间的联系，推进科学技术转化为生产力，促使更多青年学生积极投身于我国机械设计与机械制造事业之中。在我国从制造大国走向制造强国的进程中发挥积极的作用。

举办单位

全国大学生机械创新设计大赛组织委员会和教育部高等学校机械基础课程教学指导分委员会主办。

比赛时间

每两年举办一次，各赛区预赛时间不一样，具体时间见官网通知。

决赛时间见官网。

大赛作品技术依据

全国大学生机械创新设计大赛章程。

参赛对象

各高校在校全日制本科生，专业及年级不限。

大赛阶段

全国大学生机械创新设计大赛分为学校选拔赛、各分赛区预赛和全国决赛三个阶段。

选拔赛应确定出参加预赛的作品名单，预赛应确定出推荐参加决赛的作品名单。

奖项设置

分为一等奖、二等奖、三等奖，每个奖项名额由当年参赛作品质量而定。

评审规则

评审委员依据评分标准，从作品的创新性、实用性、设计合理性、推广应用价值、新的设计理论和方法的应用、产品制作工艺及成本等方面进行评分。每个作品的得分，由所在评审组评审委员给出的分数综合得出。按照得分高低，确定作品的获奖等级。

大赛目的

全国大学生机械创新设计大赛的目的在于引导高等学校在教学中注重培养大学生的创新设计能力、综合设计能力与团队协作精神；加强学生动手能力的培养和工程实践的训练，提高学生针对实际需求进行创新思维、机械设计和制作等实际工作能力；吸引、鼓励广大学生踊跃参加课外科技活动，为优秀人才脱颖而出创造条件。

网上练习

我可以怎样给自己定位？

即问即答

在求职前要做哪些准备？

在求职前要做哪些准备？

晒晒吧：你的简历。

第十章 怎样顺利通过面试

金句

面对世界的深刻复杂变化，面对信息时代各种思潮的相互激荡，面对纷繁多变、鱼龙混杂、泥沙俱下的社会现象，面对学业、情感、职业选择等多方面的考量，一时有些疑惑、彷徨、失落，是正常的人生经历。关键是要学会思考、善于分析、正确抉择，做到稳重自持、从容自信、坚定自励。要树立正确的世界观、人生观、价值观，掌握了这把总钥匙，再来看看社会万象、人生历程，一切是非、正误、主次，一切真假、善恶、美丑，自然就洞若观火、清澈明了，自然就能作出正确判断、正确选择。正所谓“千淘万漉虽辛苦，吹尽狂沙始到金”。

问题：企业在招聘时为什么要面试？面试的目的是什么？

在招聘过程中，仅仅通过应聘者的简历无法全面了解应聘者的知识、经验、技能的掌握程度及其工作风格、性格特点等方面的情况。这就需要增加面试环节，对求职者作进一步考查。面试官会使用STAR技巧对应聘者作出全面而客观的评价。首先，面试官会了解应聘者工作业绩取得的背景。面试官通过不断提问与工作业绩有关的背景问题，可以全面了解该应聘者取得优秀业绩的前提，从而获知所取得的业绩有多少是与应聘者个人有关，多少是和市场的状况、行业的特点有关。其次，面试官会了解应聘者为了完成业务工作，都有哪些工作任务，每项任务的具体内容是什么样的。通过这些可以了解应聘者的工作经历和经验，以确定他所从事的工作与获得的经验是否适合所空缺的职位。再次，他会继续了解该应聘者为了完成这些任务所采取的行动，即了解他是如何完成工作的，都采取了哪些行动，所采取的行动是如何帮助他完成工作的。通过这些，可以进一步了解他的工作方式、思维方式和行为方式。最后，面试官会关注结果，每项任务在采取了行动之后的结果是什么，是好还是不好，好是因为什么，不好又是因为什么。

10.1 面试的形式

问题：不同的企业是如何选择面试方式的?

（1）单独面试。单独面试即面试官一次只面试一名应聘者，这是常见的面试方式，单独面试有利于交流和考查的深入，全方面地了解应聘者，应聘者也不会受其他应聘者影响。

（2）团体面试。团体面试即面试官同时与多位应聘者进行交流考查，通常团体面试会让应聘者做小组讨论交流，相互协商，或者让应聘者轮流发言，团体面试多用于考查应聘者的沟通能力、协调能力及洞察能力等。

（3）结构化面试。结构化面试是指面试内容、流程、评估标准和方式、面试官等都事先统一规范，按统一制定的标准和要求进行的面试。结构化面试能帮助面试官发现应聘者与招聘职位职业行为相关的各种具体表现，在这个过程中面试官可以获得更多有关候选人的职业背景、岗位能力等信息，并且通过这些信息来判断该候选人是否能成功胜任这个职位。公务员录用面试即采用结构化面试的方式。

（4）非结构化面试。非结构化面试是相对结构化面试来区分的，是指没有固定的面谈程序，提问的内容和顺序都取决于面试官的兴趣和现场应聘者的回答。这种面试方法给谈话双方以充分的自由，面试官可以针对应聘者的特点进行有区别的提问，不同应试者所回答的问题可能不同。缺点是结构性较差，缺少一致的判断标准，面试结果和评价标准受面试官的影响较大。

（5）电话或视频面试。由于空间的限制，面试官通过电话或视频的方式对应聘者进行面试的方式。一般面试官会提前和应聘者约好时间，保证面试环境条件，然后面试官通过电话或视频向应聘者进行提问面试。

10.2 面试的准备

虽然面试变化多样，但提前作些准备，会让应聘者更大概率获得成功。面试前应该准备些什么呢？

问题：你参加过什么样的面试？你认为在面试前需要作哪些准备？

（1）了解用人单位的所有信息。了解企业发展历史、企业精神、企业文化、发展前景、主要业务和产品、企业管理、组织文化等信息。虽然这些内容不一定用得上，但用人单位一定希望应聘者是真正对企业感兴趣的人，同时这些信息的了解也有利于你深入地了解企业是否符合你的需求。

（2）全面了解应聘职位的信息。面试前对所应聘的用人单位的职位要求进行认真分析，职位的工作内容、性质、时间等都作具体的了解，并将其与其他企业的相同岗位作比较，明确自己的岗位匹配度在哪些方面。

（3）准备自我介绍。对自己的基本信息和简历的关键点进行复习，思考个人的兴趣、技能和价值观有哪些与应聘岗位是相匹配的，准备好几个常见问题的答案。鲍利斯指出用人单位希望了解五件事：①你为什么到这儿来？②你可以为我们做什么？③你是什么样的人？④你和别人有什么不一样？⑤我们能请得起你吗？这五个问题基本已经概括了用人单位希望了解的你的所有信息，你只要准备好这五个问题的答案，其他的问题都差不多了。同时应聘者还应准备几个要问招聘方的问题。

（4）准备好相关材料。将所有相关证明材料、推荐表（信）、公开发表的文章、展示个人才能的作品等都准备好。

（5）礼仪准备。着装要得体，应聘者应以正装为主，至少与应聘岗位相匹配；不要化浓妆和喷太浓的香水，不要戴过多的饰物。

精神饱满地应对面试。紧张是个人看重面试的正常表现，学会问题：面试时应该怎样管理自己的形象？

在面试前调节心情，做放松练习，保持自信和精神饱满的状态参加面试。

10.3 面试过程

推荐阅读：杨萃先等的《这些道理没有人告诉过你》。

一般的面试过程不会超过30分钟/人，有的面试可能几分钟就完成了，在短暂的时间内甚至处在被动的状态下，如何将自己胜任职位的才能充分展示，并让面试官认可并录用你呢？前面的准备就很有必要，并能在面试中随时帮到你。

面试一开始就要应对面试官的提问，面试官提问的意图就是考查应聘者的各方面才能和素质是否与招聘匹配，应聘者是不是单位需要的人。从考查的内容和目标来看，面试提问主要分为以下几种类型：

•考查应聘者的基本信息和背景。通过提问了解应聘者简历的真实情况，详细掌握应聘者的基本信息。如：

请用三分钟详细介绍一下自己。

你为什么选择我们公司？

你认为你最大的优点和缺点是什么？

•考查应聘动机。了解应聘者求职动机及动机背后的价值观等。如：

你为什么想要加入我们公司？

你为什么应聘这个岗位？

你期望的工作是什么样子的？

你觉得在我们这样的组织中，成功需要什么？

是什么让你选择了你所读的专业和学校？

•考查应聘者的素养和能力，了解应聘者的才能与品质。

曾经让你觉得最满意的两三个成就是什么？为什么？

你的职业规划目标是什么？五年内你期望能够到达什么程度？

描述一次你认为失败的经历及给你的启发？

你的大学经历对你现在应聘有哪些帮助？

•考查应聘者与职位的匹配度，评估应聘者是否适用招聘岗位及录用条件。

你觉得你可以通过什么方式为组织作贡献？

如果你获得这个工作机会，你认为是什么让你成功？

你对这份工作有何期望和目标？

你期望的工资待遇是多少？

了解了面试的意图和目的，你的应答就不再困难了，你做的准备工作也会有帮助的。但是要注意的是面试实际上就是社会交往，是应聘者的语言沟通能力的直接体现，不要只是将准备的材料背下来给面试官听，这样面试效果会适得其反。

当面试官提完问题，应聘者同样可以在面试过程中向面试官提问，提问说明应聘者为这次面试作了很多准备，问题应与应聘职位相关，并能表现出应聘者对职位的兴趣和知识。通过提问，向面试官展示出应聘者对企业的态度很认真。以下问题可以作参考：

公司对员工有什么样的期望？

怎么描述这个岗位上的员工典型的一天呢？

这个职位在公司典型的发展路径是什么？

这份工作的最大挑战会是什么？

在这个职位上能得到什么样的培训和发展？

公司的发展规划是怎样的？

公司的企业文化是什么？

在面试过程中除了提问与回答上的语言沟通，还有一些非语言沟通也很重要，这些非语言沟通传递出来的信息甚至比语言内容更会影响面试结果。交谈中保持眼神的适当交流是必要的，反之，可能说明应聘者没有自信或者对这次面试不重视。保持端正的坐姿也是必要的，不要有一些小动作，一些小动作会让人觉得慵懒、傲慢和分心。保持不急不躁的态度，不要因为有的问题作了准备就着急回答，也不要因为心里没底就吞吞吐吐，应该听到问题先想一想，再简洁明了地回答。鲍利斯提出面试 20 秒 ~2 分钟法则，即应聘者

问题：在面试中，你是否注意到了自己的一些微表情？

的回答时间应控制在 20 秒 ~2 分钟。

当面试官确定这次面试结束时，并不是就可以安心等待消息或者等待录用了，你还应确定这次面试是不是最终面试，是否还会有下一轮面试，向面试官索要一张名片或者方便面试后了解面试结果的联系方式，表达你对这个职位的兴趣并对面试官表示感谢。

面试结束后，有机会给面试官写一封感谢信，再次表达感谢及你对职位的热情和自己的优势。即使被拒绝，你同样可以去一封感谢信，感谢他的支持，保持与面试官的联系，这有可能获得他们的推荐。因为你被拒绝的原因可能不是你不优秀，只是不适合。

从面试中学习。每次面试结束后，无论结果如何，学会总结学习。例如，总结准备得如何，表现得如何，是不是与上次面试相比更加清晰自己的目标，有没有更好地展示自己，可以怎样帮助到下一次面试等

正确对待面试结果。大学生求职时，在面试过程中出现紧张心理是常见的，个别大学生还会出现焦虑、自卑、怯懦心理。大学生要学会培养自信心，端正求职心态，学会和自己积极对话，明确求职不是一蹴而就的，这次面试不成功还会有其他企业适合自己，即使被拒绝也是经验的积累，更要明白在一次面试和求职中，被拒绝的一定是大多数求职者。

问题：在面试结束后，除了等待，你还可以做什么？

实证研究

面试中该如何表现？

林培剑等人[1]发现，从社会心理学的视角来看，选拔面试实际上是一个社会影响的过程。应聘者为了获取更大的录用机会，会主动、有选择地呈现有关自我的信息，以期在评分者心中构建理想的形象。以往研究更多站在评分者角度关注这种自我呈现对面试评分和决策

1 林培剑，汤晨笑，卞冉．选拔面试中应聘者的自我呈现：概念、原理及影响 [J]. 北京师范大学学报（社会科学版），2014(3)：33-43.

的影响。近年来，越来越多的研究开始尝试从应聘者角度出发探讨自我呈现行为，包括从概念上对自我呈现与印象管理、作假等相近构念进行区分，探讨情境需求识别能力、行为技巧、自我呈现动机以及自我调节等因素如何影响应聘者在面试中的自我呈现行为，并进一步探讨这些因素之间的相互影响。大量研究发现，应聘者在面试中展现有效的自我呈现行为的确能够带来更高的面试评价。

进一步阅读文献：

[1] 刘毓芸，程宇玮 . 重点产业政策与人才需求——来自企业招聘面试的微观证据 [J]. 管理世界， 2020，36(6): 65–79，245.

[2] 周金燕，冯思澈 . 劳动力市场需要什么样的教师 ?——基于网络招聘信息的挖掘与分析 [J]. 教育与经济，2020，36(6): 68–76.

[3] 朱雨婷，莫蕾钰，徐孝民 . 网络招聘 : 国外研究动态及前沿 : 基于 VOSviewer 和 CiteSpace 的可视化分析 [J]. 管理现代化，2020，40 (6): 101–103.

理想与信念

心怀党史，献礼百年

为迎接建党一百周年这一伟大时刻，中共吉林省委党史研究室开办《党史上的今天》栏目。张庸主动请缨，无偿为《党史上的今天》栏目进行为期一年的全程党史讲述和配音，省委党史研究室以快手、抖音等 App 传播，累计播放量达到 400 余万，与同类党史类快手号、抖音号相比，浏览量位于全国前三。在建党 99 周年之际，张庸还进行了党史 e 课堂直播，观看人数达到 82.8 万人，并被《吉林日报》报道。张庸早在 2018 年就获得了全国“学宪法讲宪法大赛”吉林赛区特等奖，并代表吉林省赴北京参加全国总决赛获得全国最佳辩手称号，语言表达能力很强，但他仍然严格要求自己，每次配音都要录制十几遍达到最佳效果才罢休，至今已经录制配音 1000 多次。

他从 2019 年 5 月开始配音，每天录制一次，向建党一百周年献礼。他的配音讲述受到了广大党史爱好者和网友们的一致好评。

张庸的经历告诉我们：成功的背后，永远是艰辛努力。青年要把艰苦环境作为磨炼自己的机遇，把小事当作大事干，一步一个脚印往前走。滴水可以穿石。只要坚韧不拔、百折不挠，成功就一定在前方等你。

（资料来源：中国大学生在线）

学习强国

“996”成了招聘标准？

★全国大赛介绍★

全国大学生工程训练综合能力竞赛

竞赛简介

全国大学生工程训练综合能力竞赛是由教育部批准、财政部资助、高教司主办的国家级大学生科技创新竞赛项目，是最具影响力的全国性大学生赛事之一，是公益性的大学生科技创新竞技活动，是有较大影响力的国家级大学生科技创新竞赛，是教育部、财政部资助的大学生竞赛项目，目的是加强学生创新能力和实践能力培养，提高本科教育水平和人才培养质量。竞赛基于各高校综合性工程训练的教学平台，强调理论实践融合、学科专业交叉、校企协同创新以及理工人文结合，提升大学生的工程实践能力、创新意识和团队合作精神，促进人才培养质量不断提升。

主办单位

教育部高等教育司。

竞赛内容

竞赛题目采用命题方式，由专家委员会负责组织比赛命题设计，主题内容涉及机械、电子、自动化、经济、管理和工艺设计等多个学科的知识。具体竞赛内容请参照官网当年竞赛通知文件。

竞赛形式

竞赛过程包含了方案设计、结构设计、现场加工、成本分析、机器人组装、质量检验、公开答辩等环节，综合考查学生理论、实验、设计、工艺、成本、管理、检测、操作和表达等多方面的能力和素质。

参赛对象

全国高校在校全日制本科学生，无专业限制。

比赛时间

每两年一届，9 月大赛启动，10–12 月校级初赛，次年 3–4 月省级复赛，5–6 月全国总决赛，详细时间请参照官网。

奖项设置

全国竞赛设金、银、铜奖及优秀组织奖、优秀指导教师奖等。全国竞赛组委会向获奖单位、获奖参赛队、获奖教师等颁发获奖证书。

网上练习

影响我人生重大选择的因素有哪些？

即问即答

人工智能如何影响我们？

人工智能如何影响我们？

问题：什么样的自我介绍能够给别人留下深刻的印象？晒一晒自我介绍。

第十一章　如何在工作中实现自我

金句

青年朋友们，人的一生只有一次青春。现在，青春是用来奋斗的；将来，青春是用来回忆的。人生之路，有坦途也有陡坡，有平川也有险滩，有直道也有弯路。青年面临的选择很多，关键是要以正确的世界观、人生观、价值观来指导自己的选择。无数人生成功的事实表明，青年时代，选择吃苦也就选择了收获，选择奉献也就选择了高尚。青年时期多经历一点摔打、挫折、考验，有利于走好一生的路。要历练宠辱不惊的心理素质，坚定百折不挠的进取意志，保持乐观向上的精神状态，变挫折为动力，用从挫折中吸取的教训启迪人生，使人生获得升华和超越。总之，只有进行了激情奋斗的青春，只有进行了顽强拼搏的青春，只有为人民作出了奉献的青春，才会留下充实、温暖、持久、无悔的青春回忆。

“钱不是万能的，没有钱是万万不能的”，这句玩笑话正被越来越多的人接受，但在中国，大家似乎仍然更加关注这句话的后半部分。金钱很重要，但没有我们通常认为的那么重要。经济学和社会学的研究都表明，当人们处于贫困状态时（国际上通行的标准是人均 GDP 低于 3000 美元，中国人均 GDP 是在 2008 年超过 3000 美元的），幸福和经济收入正相关，即财富的增加会显著提升幸福感。当贫困问题解决后，幸福和经济收入的正相关性便开始减弱。当人均 GDP 达到 8000 美元时，进入一个“拐点”。跨过这个拐点，幸福和经济收入就不再正相关。

2012 年 10 月，中央电视台进行了“你幸福吗？”的街头采访和问卷调查，屡屡遭到“神回复”，反映了中国人对幸福的理解似乎还很模糊。当物质越来越丰富后，幸福就不仅是一个我们内心渴望的话题，而是现实的追求。

如果金钱不重要，那么对于大多数人来讲，赚钱的渠道——工作又当如何？中国人的传统观念总是把工作与吃苦联系在一起。有道是“吃得苦中苦，方为人上人”。工作似乎从来就是一种负担，很少有人想过，当然也就很少有人能够从工作中去寻找幸福。其实，随着社会经济发展水平的不断进步，职业作为谋生手段的功能不断弱化，职业更多地成为实现个人人生价值、寻找生活意义的方式。工作可能是我们仅次于人际关系而使生活更好的重要来源。弗洛伊德说：健康生活是指人有能力去爱和去工作的生活。

11.1 职场与学校的区别

问题：你认为职场与学校有哪些地方是相同的，有哪些地方是不同的？

1. 依赖学习与主动担当

大学期间，大学生只要按照老师要求按时完成作业就好，注重学习的过程。而在职场中，领导最看重的是工作结果，而且不会有人一直在背后催促你，全靠自觉。

小李毕业后到一家上市公司做人事助理。刚入职时，领导每天忙忙碌碌，没空指导小李，他只能自己慢慢摸索。老同事一起去吃饭，也不会叫上他。小李瞬间感觉自己很孤独。一次，他需要完成一个项目报表，由于领导没有交代提交时间，他是能推则推。等到领导马上要数据时，小李却傻了眼，辩称说领导没说具体的提交时间，这让领导很反感。除此之外，小李还到处与人说是领导没有交代提交时间，大家都开始远离小李。本来就不适应职场的小李被迫辞职，重新择业。职场人，需要发挥更多主动性，才能尽快适应职场生活。

2. 同学关系与社会关系

大学期间，同学之间的关系很单纯，彼此学习，共同促进。但是在职场中，需要处理和领导、同事以及与客户之间的多重关系，并且要用心维系，因为这关乎你的职业发展。

问题：你认为同事关系比同学关系多了什么，又少了什么？

小郑在大学期间很注重哥们儿义气，经常会在同学需要帮助的时候倾囊相助，甚至有时还会损害自己的利益。毕业后，小郑到一家地产公司做市场专员，经常和同事一起做地推活动。在工作中，他不怕苦不怕难，常主动和客户沟通交流。由于本身就具备亲和力，小郑收到了很多客户资料。同伴小路则抽空就偷懒，经常说自己身体不舒服，看着小郑一个人在大太阳底下与客户沟通。小郑认为这是自己应该做的，能够体谅小路。没想到小路到公司之后全面复活，在领导面前邀功。小郑这时才觉得是自己太傻了。处理职场关系，不同于同学关系，要顾虑多方面因素。

3. 三点一线与多种场合

大学期间，每天按时上课，规律作息，顺利完成学业即可。进入职场后，对内需要处理不同场合与领导以及同事的关系，对外还需维护客户关系。

小钱上学期间，是班里出了名的好学生，年年拿奖学金，毕业之后凭借优异成绩，也得以在一家上市公司做部门经理助理。小钱平时工作认真、效率极高，深得领导信任和重用。因此，领导经常带小钱一起外出谈合作，但小钱却很讨厌这种场合。一次，小钱当着领导的面拒绝了客户的敬酒，这让客户感到很不愉快，终止了两家公司的合作，这让领导非常愤怒和失望。从此小钱被领导雪藏，任何重要场合不再叫他参加。不被重用的他也开始消极怠工，越来越懒散。进入职场后，你能够平衡的关系越多，你的发展路径就越广。

11.2 了解你突出的优势

马丁·塞利格曼在《真实的幸福》中最后写道：美好的生活来自每一天都应用你的突出优势，有意义的生活还要加上一个条件——将这些优势用于增加知识、力量和美德上，这样的生活一定是孕育着意义的生活，如果神是生命的终点，那么这种生活必定是

推荐阅读：马丁·塞利格曼的《真实的幸福》。

神圣的。

问题：中国的文化古籍中有哪些属于我们这个民族的美德？

1. 拉近幸福的六种美德

一般社会学理论认为，道德似乎是一个相对概念，美德也被视为一种社会的约定俗成。事实的确如此，不同时期、不同生活环境、不同文化背景的人对美德的看法都会有所不同。但有没有不同的宗教和文化传统都倡导的美德？即是否存在一些所谓“放之四海而皆准”的公认“美德”？

为了得到这个问题的答案，美国密歇根大学克里斯多夫·彼得森教授带领团队，研读了亚里士多德、柏拉图、富兰克林的著作，以及《旧约》《犹太法典》《论语》《道德经》、佛教经典、日本武士道等，这个团队从中找出了200多种美德。令人惊奇的是，在研究整个世界横跨3000年历史的各种不同文化后，他们归纳出6个不同文化都认可的拉近幸福的美德：

- 智慧（知识）
- 勇气
- 仁慈（仁爱）
- 正义
- 克己（节制）
- 超然（精神卓越）

在这里，需要对美德和天赋进行区分，尽管它们比较相似。天赋一般是天生的，如良好的乐感、姣好的容貌等。当然你可以听很多的古典音乐来加强你的乐感，或者是涂上化妆品使你看起来更美丽，不过这些改进都是非常有限的，你只能在现在的水平上再增加一点。但是智慧、勇气、仁慈等即使没有好的基础也可以构建出来，只要有足够的练习、良好的教导、全身心的投入，再加上坚持，你就可以获得这些美德。

天赋一般比较自动化，你想要考虑的是把他们发挥出来还是隐藏不露，不存在有没有的问题。而美德是有意识的，你要考虑的是什么时候用它们，以及是否需要继续加强。比如我们可以说“小明是个很聪明的人，但他却浪费了自己的天赋”，但我们不能说“小明是个很仁慈的人，但他却浪费了自己的美德”。你无法浪费自己的美德。天赋无法凭毅力获得，而只要有足够的时间、毅力和努力，每个人都可以获得美德。

2. 获得幸福的 24 个优势

要成为一个高尚的人，获得“真实的幸福”，你可能需要拥有上述六种美德。达到智慧、勇气、仁慈、正义、克己、超然六种美德有很多方法，彼得森教授把实现这些美德的途径叫作优势，这些优势是可以测量的，也是可以学会的。这六种美德有 24 种相关性优势，事实上每个人都会拥有多项优势。找到这些优势，并把它们应用到工作、学习、生活的方方面面，你就会获得幸福！

> 推荐阅读：索尼娅·柳博米尔斯基的《幸福的神话：关于幸福的10个误解》。

3. 在工作上发挥优势与幸福

如果我们希望将工作转化为事业，把原本枯燥无味的工作转化为有社会性、整体性和美感的事业，需要找到一个方式，能够常常在工作中施展你的突出优势，你就会发现工作慢慢变成了事业。

美国心理学家希斯赞特米哈伊发现了“心流”现象，而且认为工作是体验“心流”最好的场所，因为它符合心流出现的许多条件，尤其是工作的要求与你的天赋或优势旗鼓相当时。所以很多看似“工作狂”的人，其实是由于他们在工作中有较多的“心流”体验而“乐此不疲”，真是“他人笑我太疯癫，我笑他人看不穿”。出现“心流”体验毫无例外都是由于在工作中充分应用到了他们的突出优势。

中国经济多年的快速发展，使选择工作的考虑因素也正在发生悄然的变化，人们越来越多（不管是有意或是无意）地开始把工作中的“心流”体验作为工作选择的重要因素。如何去选择及如何转化工作以产生最多的心流并不神秘，当工作中的挑战与你的能力旗鼓相当时，心流就会产生。马丁·塞利格曼给出的方式是：

> 心理学家米哈里·契克森米哈赖定义心流为一种将个体注意力完全投注在某活动上的感觉；心流产生时会有高度的兴奋及充实感。

- 找出你的优势。
- 选择可以每天让你使用到这些优势的工作。
- 转化你目前的工作，使你的优势可以发挥出来。

11.3 幸福人生的 PERMA 法则

马丁·塞利格曼教授有一个宏大的愿望，就是到 2051 年，全世界的成年人中，有 51% 的人可以实现蓬勃的人生（flourish life）。他把它称之为积极心理学的“登月计划”，这个目标也被称为“51”。马丁·塞利格曼教授在他的《持续的幸福》中文版序中指出：到 2051 年，全世界人口的 20% 的成年人是中国人，因此，要实现“51”目标，不能没有中国的参与。

全球华人积极心理学协会主席、剑桥大学幸福研究院亚太主任苏德中博士的研究团队在中国的初步实证研究发现，中国成年人实现蓬勃人生的比例不超过 15%。看来，提升我们的幸福指数还有很大的空间，还有很多工作可以做。一个人要想拥有幸福的人生，就必须有足够的 PERMA。这五个字母分别代表幸福人生的 5 个元素。

P= 积极的情绪 (positive emotion)

E= 投入（engagement）

R= 良好的人际关系（relationships）

M= 意义和目的（meaning and purpose）

A= 成就感（accomplishment）

马丁·塞利格曼教授指出，这里的每个元素都有准确定义，而且可以精确测量。更重要的是，每个元素都可以通过学习来加强。你可以在生活中有更多的积极情绪；你可以在工作中、与你爱的人在一起时更投入；你可以有更好的人际关系；你可以有更多的人生意义；你可以取得更多成就。

（1）积极的情绪。积极的情绪是快乐（或愉悦）的元素，也就是我们的感受，包含了主观幸福感的所有常见因素：高兴、狂喜、舒适、温暖等。

（2）投入。投入与心流有关，指的是完全沉浸在一项吸引人的活动中，就像积极情绪一样，它也只能靠主观的评估。（“有没有感觉到时间停止？”“你完全沉浸在任务中了？”“你忘了自我吗？”）积极情绪和投入是两个靠主观来评估的元素。处于心流状态时，通常没有思想和感情，我们只会在回顾时说“那真好玩”或者“那真棒”，因此，对快乐的主观感受是在现在，而对投入的主观感受只能靠回顾。

（3）人际关系。有人曾经要求积极心理学的创始人之一——克里斯托弗·彼得森用两个字来描述积极心理学讲的是什么，他回答说：“他人。”积极很少见于孤独的时候。你上一次开怀大笑是什么时候？上一次喜不自禁是什么时候？上一次感觉到深刻的意义和目的呢？上一次为成就而极端自豪吗？这些感受都与他人有关。积极的人际关系可以给幸福带来深刻的正面影响，而缺失时会带来极大的负面影响，都是在理论和实证上得到充分证实了的。

（4）意义。意义指归属于和致力于某样你认为超越自我的东西。意义有主观成分（“昨夜宿舍里有通宵畅谈难道不是最有意义的吗？”），因此它有可能被纳入积极情绪。人们对自己的快乐、狂喜或舒适不会感觉错。你觉得是什么，就是什么。不过，意义则不是这样的：你可能会认为这个通宵卧谈会非常有意义，但是当多年以后，你重新想起它来，就会认识到它很显然只是青春的呓语。

（5）成就。有心理学家认为，有人为了成功、成就、胜利、成绩和技艺本身而追求它们，这往往是一种终极追求，哪怕它不能带来任何积极情绪、意义、关系。成就的定义不仅是行动，还必须是向固定、特殊的目标前进。

实证研究

外卖骑手的劳动时间是不是很自由？

李胜蓝等人[1]对外卖行业中骑手的劳动过程进行了一项田野研究。与传统的工厂劳动时间不同，外卖平台依据行业特性设置了新

1 李胜蓝，江立华．新型劳动时间控制与虚假自由——外卖骑手的劳动过程研究 [J]．社会科学文摘，2021(1)：65-67.

的时间规则，建构了新型劳动时间控制模式。平台通过为劳动者营造灵活的工作时间和宽松的工作场域吸引向往自由的劳动者加入，但却在技术手段的辅助下，以时间为单位和节点，对骑手的劳动过程实施了严密而细致的记录和监控，形成平台和消费者等多元的控制主体。同时，平台通过抢单和等单的工作机制控制骑手潜在的经验、思想和感受，塑造“准时”“快速”的劳动时间感，引导骑手甘愿成为“全天候工人”，并在劳动时间内主动地工作。最终，骑手在追求自由的过程中被平台束缚，无奈而主动地配合到时间控制中，平台则以自由之名获得并掩饰了利润。

进一步阅读文献：

[1] 蔡华俭，黄梓航，林莉，等. 半个多世纪来中国人的心理与行为变化：心理学视野下的研究 [J]. 心理科学进展，2020，28(10)：1599–1618.

[2] 聂伟，风笑天 .996 在职青年的超时工作及社会心理后果研究：基于 CLDS 数据的实证分析 [J]. 中国青年研究，2020(5)：76–84，99.

[3] 刘红艳，杨婧澜，廖卫华．“忙”有所值：忙碌对个体的影响及作用机制 [J]. 中国青年研究，2020(5)：93–99.

理想与信念

不忘初心，砥砺前行，助力少年强则中国强

“少年强则国强”是梁启超先生于 100 多年前喊出的口号，现在仍然掷地有声。我国约有 3 亿儿童，他们的健康直接关系着我国未来的发展潜力。但是，调查显示，现在我国每 10 个儿童里就有 1 个营养不良，2 个肥胖，5 个近视，7 个体质不达标，很难找到各项指标都非常出色的儿童，这让从事儿童健康研究的董彦会非常忧虑。

儿童是祖国的未来，是中华民族的希望，为了下一代茁壮成长，为了助力健康中国的目标早日实现，为了少年强则国强，董彦会在进入北京大学之后孕育出了科研的火种，决心此生投身儿童健康研

究。五年中，董彦会奔赴福建、江西、新疆、西藏等 13 个省份，足迹遍布上百个城市和乡村。调研的过程十分艰辛，有的地方不通车、手机没信号、人们不讲普通话或对调研工作不理解，更难的是除了要做好调研工作，还需要克服水土不服、饮食差异等问题。董彦会 2017 年在日喀则的萨迦县调研中产生了严重的高原反应，连续三天眩晕呕吐，差点儿没有坚持下来，但是怀着对改善少数民族地区儿童营养状况的责任心和对科研的热忱，他最终吸着氧，咬牙完成了全部调研。他和课题组的小伙伴们历时四年共完成了对上万个儿童的走访调研工作。

董彦会的经历告诉我们：青年有着大好机遇，关键是要迈稳步子、夯实根基、久久为功。心浮气躁，朝三暮四，学一门丢一门，干一行弃一行，无论为学还是创业，都是最忌讳的。

（资料来源：中国大学生在线）

学习强国

人在不同年龄段有哪些常见的精神卫生问题

★全国大赛介绍★

全国大学生生物医学工程创新设计大赛

竞赛简介

为了推动我国生物医学工程学科的发展，促进生物医学工程技术的进步，加快专业建设步伐，培养高水平专业人才，教育部高等学校生物医学工程类专业教学指导委员会从 2014 年开始举办“全国大学生生物医学工程创新设计大赛”。

主办单位

教育部高等学校生物医学工程类教学指导委员会。

竞赛时间

一年举办一次，报名时间一般在 4、5 月份，预赛作品提交时间以及决赛时间以官网公布信息为准。

参赛对象及组队形式

在校本科生或硕士研究生且在全国决赛终审时未发生学历改变的，均可组队参赛（决赛时已毕业的学生和博士研究生不能参赛）。每队由 1 ~ 3 名学生组成（可有 1 名指导教师），自由组队，鼓励跨专业组队。

竞赛内容

命题项目组：由主办方规定题目。

自主命题组：作品选题应该属于生物医学工程相关领域，如医学诊断与治疗仪器、移动治疗、可穿戴健康设备、医学信号及图像处理、康复机器人、人工智能、脑机接口、生物医学材料、靶向定位、分子影像技术、生物力学等。

竞赛形式

大赛分为初赛阶段与决赛阶段，均采用评委会评分制。各参赛队要在规定时间内提供完整的提交材料；大赛组织委员会根据收到提交材料的数量和质量，在预赛评审时确定自选项目组和命题项目组的三等奖及入围决赛的队伍。入围决赛的队伍将在全国终审决赛现场作参赛作品的报告和实际演示，最终分别确定自选项目组和命题项目组的特等奖、一等奖和二等奖。

大赛奖项

1. 自选项目组（特等奖、一等奖、二等奖）
2. 命题项目组（特等奖、一等奖、二等奖）
3. 优秀指导教师奖（若干）
4. 优秀组织奖（若干）

注：奖项金额请参照官网。

参赛作品要求

总体上具有原创性或创意性，由参赛团队独立完成，最终至少提交设计报告、作品技术指标（含测试过程与结果）和作品展示（含功能展示和测试过程等的视频材料）三个文件，鼓励提交相关的扩展材料（如产业化计划书等），同时提交学校的推荐参赛表。

（1）命题项目组

需基于大赛组委会公布的题目及开发平台要求设计作品。最终作品应包括自行设计制作的软硬件作品实物、设计报告、测试报告和相关展示视频。参加竞赛的队伍，提交预赛作品时，即代表同意将预赛报告和视频向公众共享；如果有保密需要，请在预赛报告首页注明。

（2）自选项目组

参赛队可以结合高性能模拟芯片、低功耗无线通信及 MCU、嵌入式处理器、DSP 芯片、精密运算放大器、高性能 ADC/DAC、生物医电模拟前端、蓝牙等产品，设计并制作出能够反映生物医学工程学科特点的参赛作品。最终作品应包括自行设计制作的软硬件作品实物、设计报告、测试报告、原创性与创意性说明和相关展示视频。参加竞赛的队伍，提交预赛作品时，即代表同意将预赛报告和视频向公众共享；如果有保密需要，请在预赛报告首页注明。

网上练习

我该怎样有效行动?

即问即答

从学生过渡到职场需要做哪些心理准备?

从学生过渡到职场需要做哪些心理准备?

问题：你认为金钱与幸福的关系是什么？你认为多少钱能让你过上幸福的生活？请晒一晒。

附录

附录一　女怕嫁错郎，男怕入错行

中国古语云：女怕嫁错郎，男怕入错行。这大概是指找一个什么样的人结婚和找一个什么样的工作，是关系人生幸福的两个最重要的决策。有关婚姻和恋爱幸福的秘籍宝典可谓“汗牛充栋”，而关于职业发展方面却“语焉不详”。在这里，我们一起分享几个关于职业发展的思考，你会惊喜地发现，原来找工作和谈恋爱是一样的。

1. 兴趣、乐趣和志趣与一见钟情、两情相悦和白头偕老

有些人一生都在等待一个自己真正感兴趣的工作，然后才开始全力以赴，以为这样才不浪费时间。其实兴趣有三个层次：兴趣、乐趣和志趣。兴趣是让你好奇的东西，觉得可以尝试一下。如果在尝试过程中你获得了真正的快乐，兴趣就会变成乐趣，让你快乐地进入其中。如果你不仅感觉到乐趣，而且还从中找到坚守的价值，乐趣就会变成志趣，让你觉得可以投入一辈子。

这种心态就像是谈恋爱，年轻时你可以“一见钟情”很多人，到了一定的年纪你就应该“两情相悦”几个人，最后选择“白头偕老”一个人。千万不能在年轻

时遇见谁都想“白头偕老”，年老后却见谁都“一见钟情”。职业发展也是一样，年轻时，可以按照自己的兴趣多尝试和体验一些工作，慢慢在其中寻找到自己感到有乐趣的几个，最后专注地投入其中一个，实现自己的人生价值。

2.职业的价格和价值

经常做媒的人有时也会非常困惑，比如给一个女孩介绍男朋友，在他（她）看来这个男孩子事业有成，有车有房，但女孩就是不满意。于是媒人就非常纳闷，不知道在他（她）看来的“天生一对”为什么就是不登对。这是怎么啦？这个男孩子这么年轻就有车有房，事业有成，有很多人追，你怎么就是不识货呢？

我们常常混淆两个概念：来自社会系统的价格和来自内心系统的价值。价格是社会化的，来自统一的规定，每一个体系（大至国家社会，小至组织团体）都有自己的价格体系，价格让社会进步。而价值是个人化的，来自每个人内心的真实感受，每一个人都会有自己的价值系统，价值让人感到生活的意义，让人活得幸福。在很多时候，价格和价值并不总是对等的，就像贵的饭店的菜肴并不一定好吃，名牌衣服不一定好看。

任何一个东西好不好，评价的标准应该是它的价值，要看它是不是适合你的内心，是不是符合你的价值观。我们常说，职业选择要追寻内心的召唤，实际上就是要按照自己的价值体系来寻找真正适合自己的职业，那些社会价格高（比如工资高、待遇好、工作轻松等）的职业未必是适合你的职业。随着社会的进步，工作作为一种谋生手段的职能不断弱化，我们更应该追求那些能够让你从中找到生活的意义，有强烈的被认同感的职业，这样的职业才是真正有价值的职业，才是值得你终生追求的事业。另外，当你按照内心的召唤选择职业时，你往往也更能够把工作干好，取得事业的成功。

每一种职业，除了有职业的高度（事业的成功、行政职务的升迁）外，还有职业的温度（你内心的感受）。还记得那句话吗？婚姻就像穿鞋，合不合适只有脚知道。我想把这句话改一下：行走人生路，重要的是我们穿的一双鞋，左脚是婚姻，右脚是职业，关键不是鞋的价格高低，而是合脚与否。遵循你心的方向，你的人生路就会走得更加坚实和幸福。

3. 职业艺术照

大学生毕业后都喜欢去大公司，如果一家跨国公司一个月的薪水是5000 ~ 6000元，加班还可以再增3000~ 4000元。也就是说，一个新人每个月能拿到10000元左右的工资，怎么样，够高的吧？但是请注意，也许他们的新人每周工作时间通常为80小时左右，一年平均出差时间为160 ~ 180天，如此算来，他们的时薪并不高，甚至比一般的外企低。更重要的是由于不停地工作，这些职场新人几乎丧失了参加外部学习、了解和进入其他行业的机会。

其实每一个职业都不如想象的那样美丽，找工作就像谈恋爱，不能仅凭媒人交给你的“艺术照”就作出判断和决定，还需要看看“卸妆照”。比如找在职人士进行职业访谈，或是尝试参加一个与目标职业相关的培训，还可以参与目标职业论坛或者博客群。总之，不管用什么方法，一定要看清楚职业的真实面目，尤其是你想跳槽的时候。

美国心理协会主席、积极心理学之父马丁·塞利格曼说：“美好的生活来自每一天都应用你的突出优势，有意义的生活还要加上一个条件——将这些优势用于增加知识、力量和美德上，这样的生活一定是孕育着意义的生活，如果神是生命的终点，那么这种生活必定是神圣的。” 我想，如果我们找到了适合自己的职业发展的路径和方向，我们就可以过上神圣而有意义的生活。

（本文参考古典老师《拆掉思维里的墙》的相关内容改写而成。）

附录二　价值观与效用

小王是一位综合素质很高的普通二本高校优秀毕业生，在这个“只有更难，没有最难”的毕业季里，小王的苦恼与一般同学不太一样，他收到两份录用通知：一份是在一家中职学校从事校园网络管理，这份工作的特点是收入一般，工作稳定，而且这所中职学校的福利待遇较好，工作内容对小王这位电子工程专业的高才生来说也比较简单。另一份工作是在一家现在最热的“互联网 +”领域的初创期公司做产品开发工作，小王曾在这里实习，他知道这家公司的工作强度和挑战性。当时在这里实习时他也非常兴奋，但工作确实辛苦，20 多岁的他都有些吃不消。另外，尽管有一些风投公司开始关注这家公司，但小王也看到和这家公司同在一幢孵化楼的多家高科技企业的兴衰更替，知道从概念想法到产业化的距离，未来有很大的不确定性。小王该如何选择？

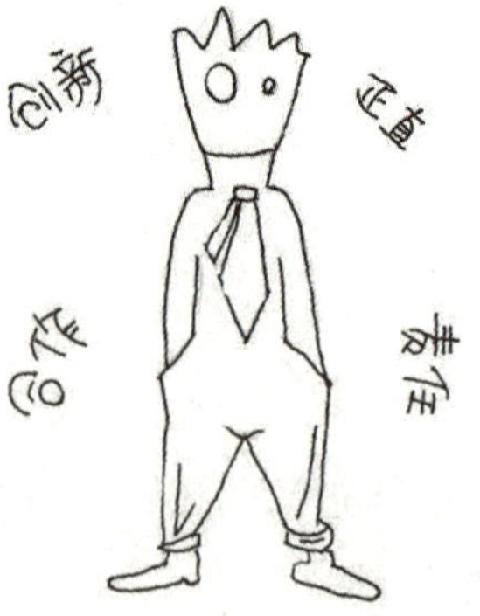

人生总是面临选择，选择问题的关键是选择的目标和依据。从本质上讲，人类各类行为选择的终极目标一定是幸福，因为追求幸福是人的天性。现在职业作为一种谋生手段的功能不断弱化，职业选择的目标也越来越多地与“尊重”“自我实现”高层次需求相连接。基本的温饱解决了，职业生涯的目的更多的是追求幸福，而越是“尊重”“自我实现”这些本质需求，满足的方式越是多元化。托尔斯泰说过“幸福的家庭是相似的”，但幸福人生实现的方式却是多元化的。幸福是一种主观感受，它的评价标准是多元化的自我价值观。

当遇到小王这样的问题时，我们经常想，要是这两个工作的优点能够集中在一起该多好？可惜这种情况很少。当“鱼和熊掌不可得兼”的时候，我们总是会寻找一些决策依据或标准来帮助我们。

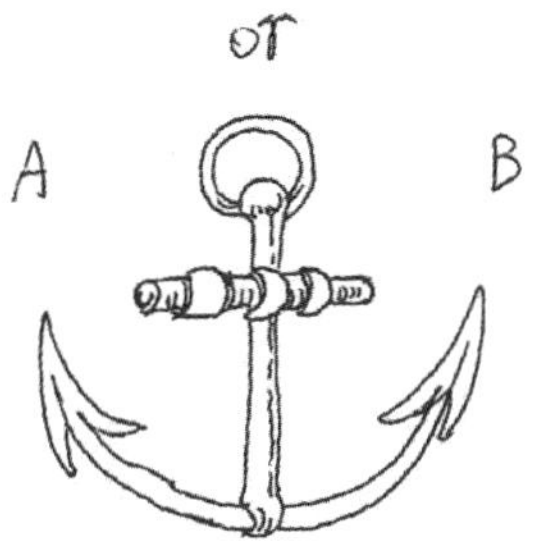

在职业生涯理论里面，价值观被认为是在生涯发展中起决定性作用的“职业锚”，是我们进行生涯决策主要考虑的依据。价值观就是我们在生活和工作中所看重的原则、标准或品质。按照生涯大师舒伯的观点，职业价值观是个人追求的与工作有关的目标，亦即个人在从事满足自己内在需求的活动时所追求的工作特质或属性，是个体价值观在职业问题上的反映。从上面的描述大家可能已经注意到，职业价值观首先是一个相对个人化的概念，二是强调的是“重要性”（主观评价）而不是“对错”（客观评价），三是特别强调“满足自己内在需求”。因此，职业价值观的含义简单来说，就是什么对于你个人而言能够满足你内在的需求，而且是重要的。

经济学是研究人类行为的科学，选择（或称之为决策）是最普遍的人类行为之一。现代经济学大咖保罗·萨缪尔森（1970 年诺贝尔经济学奖获得者）曾提出一个幸福方程式：

幸福 = 效用 / 欲望

按照这个公式，给定既有的效用水平，若人们的欲望越小越幸福；同样，给定既有的欲望水平，追求最大的效用就等同于追求最大的幸福。通过节制欲望而知足常乐，是大多数宗教所倡导的理念，而提升效用、拓展满足欲望的资源和基础则是经济行为，是经济力量。英国著名经济学家马歇尔曾说：人类的社会历史，是由经济和宗教这两种力量来塑造的。马歇尔真是个“经济学帝国主义者”。

宗教的力量先按下不表，我们重点来说说效用。效用的经济学含义是对人们从产品消费或闲暇享受中得到的愉悦和满足程度的一种度量。因此效用也是一个相对个人化的概念，同样强调主观评价和自我满足。经济学在谈到和人有关的相关概念时，从来都是使用“效用”这个“主观”概念，而不是“效益”“利益”这样一些“客观”概念。比如，西方经济学的基石“理性人假设”说的也是“人总是追求自身效用最大化”，而不是“人总是追求自身利益最大化”。之所以这样，我个人认为是因为西方经济学认为人行为背后的动机“黑箱”是主观心理过程。

很多对经济学一知半解的人会认为经济学是研究赚钱的学问，这实在是一个天大的误解。经济学实际上是非常关注人的主观感受的，更多的是一种思维方式。无论是个人日常生活层面，还是在分析经济问题或者理解社会现象方面，经济思维都有助于我们作出更明智的推理和选择。

既然人是“理性”的，职业发展的终极目标也是幸福，职业价值观的评判实际上也是一种效用评判。用效用这个经济学概念来思考生涯中涉及价值观的问题非常有意思。略举几例：

· 效用评判

既然效用评判是由个人作出的，显然同样的“产品消费或闲暇享受”，不同的人会有不同的度量评判，甚至同一个人在不同的情景下也会有不一样的度量评判。比如，对同样一件衣服，由于大家的喜好等情景的不同，便会有不同的价值评判，那种简单地将价格（外在评价）等同价值（内在感受）的思维模式显然是不合理的。同样，如果你在炎热夏季打完一场球，大汗淋漓的时候喝一杯冰水，你对这杯普通的冰水的效用度量也会不一样。

职业价值观强调“个人在从事满足自己内在需求的活动时所追求的工作特质或属性”，不应过多地受他人的影响。因为同样的事物对不同的人来说效用是不一样的。他人的建议一定是基于他自己的效用判断作出的，对你来说不一定适合。对职业价值观你只需要度量出你自己的效用评判即可。只有这样，职业价值观才是真实的，对你自己而言才是你的“效用”。有的职业生涯规划师说：别听父母的，过你自己想要的生活。话虽极端了一些，但也不无道理。比如，很多家长在孩子职业选择上往往比较看重“稳定”，这实质上是基于他们的人生经历和风险偏好作出的“效用”判断。现在无论是外部环境还是小孩的自身内在追求都发生了巨大的变化，“稳定”对大多数年轻人来讲，“效用”并不高。

另外，一个人职业价值观在不同的人生阶段发生变化通常也是“效用”变化引起的。比如刚毕业的大学生往往经济压力比较大，在这个阶段“经济收入”的效用可能是最大的，因此“薪酬高”就是这个阶段比较靠前的职业价值观选项。工作十年有一定的经济基础后，“工作和家庭的平衡”则又会成为优先的职业价值观选项。如果一个人不注意人生不同阶段随着“效用”的变化“职业价值观”也会变化，就会产生价值观错乱，作出错误决策。

·边际效用递减规律

边际效用递减规律的经济学解释是对于同一种物品或服务消费得越多，则该物品或服务所带来的边际效用就越低，甚至可能为负。（边际的含义就是一个非常小的变动，通常可以理解为一个单位的变动。）由于边际效用递减，在某一类物品或服务上过多消费是不理性的。陈佩斯在1985年春晚上的小品《吃面》，可以看成是边际效用递减的案例：第一碗面很美味，第二碗面还行，第三碗面很撑，第四碗面难受……

边际效用递减规律实际上给出了一个如何实现“效用最大化”的思路，由于边际效用是递减的，因此对于“效用体系”而言，“中庸之道”可能是最好的选择，即兼顾“效用体系”的各个部分，尽量避免边际效用的快速递减，可以形成综合效用的最大化。

职业价值观也是一个体系，职业价值观各个部分的效用也同样遵循边际效用递减规律。因此，我们在依据职业价值观作出职业选择的时候，可能需要适当的平衡，使价值观体系更加有效。董志强在《经济思维》中讲了一个故事，他的一位朋友是名校博士，本可以在国内重点大学找到职位，但由于考虑爱人的工作安排等问题，他选择了一所国内三流大学任教。大家都替他惋惜，但董老师认为这是一个最优的选择：为了家庭，适当地放弃事业；为了事业，适当地放弃家庭。这是一个“爱”的故事，也是一个“平衡”的故事。故事的结果也不错，这位老师的家庭很幸福，事业发展也很顺利。当然，这种“中庸”的选择实际上也反映了一种价值观取向。美国加州大学前校长田长霖教授有一句话：做学问要极端，做人要中庸。所言极是！

再说小王，两家单位应该如何选择？关键还是小王的职业价值观是什么，这需要小王自己决定。一个人如果从效用的视角去考虑职业价值观，遵从自己内心的召唤，就会惊喜地发现，职业价值观能够为你提供职业发展的内驱力，让你的职业发展甚至是人生聚焦于你认为的最重要的方向。好的职业选择，不是对不对，而是值不值。

附录三　基于机会成本和收益的职业决策

小王是大三的工科学生，他最近感觉比较迷茫，周围的同学似乎都有了目标和方向，而他还没有拿定主意，是先工作还是考研。在小王看来，先工作意味着先挣钱，但发展空间和潜力似乎没有研究生大；而读研究生不仅要花学费、生活费，而且还要少挣三年的工资，但起薪一般要高于本科生，发展潜力也要大一些。这两个选择看起来各有道理，他实在难以决策。

小王的职业发展选择从经济学的视角来看，就是一个成本收益的问题，他如果懂得一些经济学的基本概念和原理，有助于他作出理性的决策。

如果我们问小王读研究生的成本是什么？你会认为学费、食宿费和书本费是主要成本，或许有的人还会考虑到考研复习和考上后读书的辛苦而再加上心理效用损失。经济学家会告诉你这种计算方式既太多又太少。说它太多是指食宿费不应该计入读研究生的成本。原因很简单，即使你不读研究生，你也需要一个地方住，也要吃喝。说它太少是指这种计算方式没有把如果小王不读研究生而直接工作，读研究生这个时间段他可以挣得的收入作为成本计算进去（因为这部分放弃的收入可以看成是由于小王读研究生带来的损失），这其实才是小王读研究生的最大单项成本。

经济学在考虑成本时使用的是“机会成本”的概念。机会成本的经济学解释是为了得到某种东西而要放弃另一些东西的最大价值；也可以理解为在面临多方案择一决策时，被舍弃的选项中的最高价值者是本次决策的机会成本。因此小王读研究生期间可能挣到的收入是小王上研究生的机会成本的一个主要部分。

而小王读研究生的收益又包括些什么？一个是研究生的起薪普遍比本科生要高，薪酬增长的速度和空间也要大一些，事业发展而带来的社会地位、尊严等心理满足一般也要高一些。

在计算成本收益时，有另外一个经济学概念值得注意，那就是“贴现”。贴现本来是一种银行的票据业务，现在也指将未来支付货币值折合成现值的行为。一般而言，未来的货币值与现值之间会有一个利率差（即未来的钱不如现在的钱值钱）。小王读研究生的收益是未来收益，因此在作决策比较时需要“贴现”。

了解这些基本的经济学概念，对小王作出理性的职业决策是有帮助的。假设小王为考研复习准备花的费用（包括上补习班、买复习资料、复习辛苦的心理损失等）是 3 万元，大学毕业后读研究生的学费是 4 万元，书本费是 1 万元，心理效用损失是 5 万元，读研究生的机会成本（小王大学毕业直接工作，在读研究生期间可能挣到的收入）的现值为 30 万元，预期研究生毕业后可以增加的收入的现值为 38 万元，心理满足收益的现值为 2 万元，那小王应该读研究生吗？如果预期研究生毕业后可以增加的收入的现值为 42 万元，心理满足收益的现值为 3 万元呢？

第一种情况：

总成本 =3 万元 +4 万元 +1 万元 +5 万元 +30 万元 =43 万元；

总收益 =38 万元 +2 万元 =40 万元；

总成本大于总收益，应该直接工作。

第二种情况：

总成本 =3 万元 +4 万元 +1 万元 +5 万元 +30 万元 =43 万元；

总收益 =42 万元 +3 万元 =45 万元；

总成本小于总收益，应该读研究生。

另外，经济学里面还有一个概念叫“沉没成本”，它的含义是指由于过去的决策已经发生了的，而不能由现在或将来的任何决策改变的成本。如果你是一个“理性人”就应该忽视它，不应该让它影响现在的决策。当然大多数人并不太容易做到这一点。比如小王开始决定考本专业的研究生，并为此准备 1 年了，但到考试前半年，他觉得跨专业考经管类的研究生更符合他的想法，即心理满足收益更高，但由于时间已经很紧张，这意味着他需要重新准备专业课，承受较大的压力。

我们假设小王为本专业考研复习准备花的费用（包括上补习班、买复习资料、复习辛苦的心理损失等）是 3 万元，大学毕业后读研究生的学费是 4 万元，书本费是 1 万元，心理效用损失是 5 万元，读研究生的机会成本（小王大学毕业直接工作，在读研究生期间可能挣到的收入）的现值为 30 万元，预期研究生毕业后可以增加的收入的现值为 42 万元，心理满足收益的现值为 3 万元，那小王读本专业读研究生决策思路是：

总成本 =3 万元 +4 万元 +1 万元 +5 万元 +30 万元 =43 万元；

总收益 =42 万元 +3 万元 =45 万元；

结论是总成本小于总收益，应该读研究生。

附录四　面试的信息经济学解释

小王接到了心仪已久的公司的面试通知，十分高兴，但又有几分忐忑，不知道面试会问些什么问题，怎样才能给面试官一个好的印象，获得工作。

为了这次面试，小王在网上和图书馆疯狂搜集关于面试技巧方面的信息，看到了很多靠谱或不靠谱的面试建议，这些建议说法各异，甚至互相矛盾，莫衷一是。比如有的文章建议面试者进入面试室后，应该主动四下搜寻，因为面试官可能会在某个角落扔一个小纸团，看你是否注意到来了解你的观察能力，以及观察你如何处理。但另一篇文章说，从进入面试室开始就要把注意力放在面试官身上，因为专注往往是面试官最为看重的职业素养。

面试是“一种经过组织者精心设计，在特定场景下，以面试官对考生的面对面交谈与观察为主要手段，由表及里测评考生的知识、能力、经验等有关素质的考试活动”。通俗地讲，面试就是用人单位和求职者由于相互的情况还不够十分了解或需要求证而进行一种面对面的双向沟通活动。面试的这些特点倒是和经济学最近二三十年非常火的一个分支——信息经济学的研究领域蛮契合的。其实不光是面试，职业发展的很多问题都可以从信息经济学中获得思路。

经济学家很早就注意到，人们对各类行为进行决策需要掌握足够完整的信息，并且早期的经济学理论也通常会假设人们掌握了完全的信息。但实际情况是，在现实世界中，人们通常掌握的信息不仅是不完全的（即有遗漏，这通常是由于能力不足或成本太高导致的），而且往往是不对称的（经济行为的各方当事人拥有不同程度的信息，如二手车的卖主通常比买主更了解二手车的质量状况）。更重要的是，出于自利考虑，人们还会故意发送虚假信息或隐瞒重要信息，这使得与掌握完全信息的情形相比，人们对信息掌握的不完全性和不对称性，有时候会从根本上改变企业或个人的行为。

最近 30 年的诺贝尔经济学奖多次眷顾从事博弈论和信息经济学研究的经济学家，这充分说明这个领域对客观经济世界解释的有力性。目前，信息经济学的研究触角已深入到社会经济生活的各个领域，正在不断发展和完善经济学的版图。由于篇幅的原因，我们在这里不打算给大家介绍更多的信息经济学相关知识，感兴趣的同学可以自己阅读相关书籍。在这里，我们想借用信息经济学的基本概念或理论来说说面试。

面试通常发生在招聘单位认为求职者基本符合招聘要求，但对求职者的信息了解还不够完全，同时面试官和求职者的信息也是不对称的（求职者显然比面试官更了解自己的职业技能、工作态度等信息）的情形下，因此从本质上讲主要是一种面试官通过面试来向求职者的“了解”或“求证”相关职业信息的行为。（虽然也有求职者通过面试官“了解”或“求证”招聘单位相关信息的成分，但相对较少，为了讨论简单，我们在本文中暂不讨论。）

目前各类面试技巧主要讲的都是“怎么样让面试官相信你就是他（或企业）要找的人”。由于信息的不完全和不对称，而且面试官知道你为了获得职位，是有非常大的动机来“扮演”，甚至通过提供虚假信息来获得一个“符合”要求的结论。因此，他对你提供的信息总是持怀疑态度的，个别面试官甚至可能是“先否定，再求证”。如果小王是一个优秀的毕业生，确实符合他心仪公司的要求，向面试官传递“可置信的信息”（即让人相信的信息），就成为小王面试成功的关键。

按照信息经济学的观点，“可置信的信息”传递是否有效主要与不同类型的求职者传递同样信号的成本差异有关。成本差异越大，则信号模仿越困难，信号也就更有效。因此，小王可以：

•了解公司的愿景、战略目标、历史沿革等信息，甚至对公司的发展战略提出自己的想法。这样做一方面可以加深小王对心仪公司的了解，更重要的是向面试官发送了小王迫切希望来公司的“可置信的信息”，因为那些只是简单试试的求职者才不会为一家公司花费太多的时间精力呢。小王投入的时间、精力“成本”越大，和其他求职者的区别就越大，这个信号就越难模仿，信号也就越有效。

•请公司所属行业领域有知名度和影响力的“大咖”写推荐信。这当然有难度，但请记住：难度越大，信号也就越有效。能够找到“大咖”写推荐信，传递的信息一是你对这个领域很了解，是“圈内人士”；二是“大咖”认可你，等于“大咖”帮助公司进行了一次有效的评估。这也是一个成本差异大的信号，因此非常有效。

•提出可以接受较低的试用期工资，极端的情况甚至可以先试用（不要工资）再签约。这又是一个“成本差异极大”的信号，就像对自己的产品质量没信心的企业是不敢承诺较长的保修期一样，对自己职业能力不够自信的求职者是不愿作出这种承诺的。按照信息经济学的说法，“承诺”使信息变得“可置信”。

•提供一个学生阶段真实的、能够反映你独特职业能力的案例。信息经济学还有一个主要的观点就是：行胜于言。普林斯顿大学经济学教授迪克西特（《策略思维》的作者）说：口水太廉价，而行动则有其直接代价，关乎赢利。如果你能够提供一个你在大学期间成功完成的一次集体活动策划或参与的一项有价值的课外活动等案例，而且能够让面试官从中得出对你职业能力的判断，那这也是一个“可置信的信号”。

•符合公司企业文化的着装。一个人的外表打扮也会提供很多有效的信息，一些有经验的HR还十分相信这类信息。选择符合公司企业文化的着装对于在面试中获得良好印象（尤其是第一印象）至关重要。我们看到大学生在面试时大都是“西装革履”的职业装扮，他们认为这样才能给面试官一个“成熟稳重”的职业形象。但不是所有公司或职位都需要“成熟稳重”，应聘一些创意性强的公司或岗位，也许“嘻哈”一些的装扮更容易被认为是有创造力的表现。

上面这些做法都是为了向面试官传递“成本差异”足够大的信号，大家可以沿着这个思路考虑怎样向面试官传递“可置信的信号”。可能也有同学会认为这些都是“笨”办法、“求职面试技巧”，而想要的是“一招制胜”的“武功秘籍”。

求职者为面试作一些有针对性的准备是我们提倡的。但同时，我们更提倡求职者真实地表现自己，而不是把自己“扮演”成企业“想要”的人。一方面，有经验的面试官会设计一些“信息甄别”机制让求职者“自动”说真话（信息甄别和信息发送本来就是一个问题的两个方面），“扮演”并不是件容易的事。另一方面，真实地接受企业的挑选，也是对自己负责的表现，自己想要的不一定是适合自己的。

由于劳动雇佣领域是典型的信息不对称领域，因此信息经济学在这个领域颇有建树，我们这里只是给大家提了一个基本思路。大家如果感兴趣，建议阅读《信息经济学平话》（王则柯）、《无知的博弈》（董志强）和《博弈论与信息经济学》（张维迎）等信息经济学专业书籍。前面两本是入门级读物，比较简单也很有趣，张维迎教授的书比较专业全面，需要一定的数学和经济学基础。相信大家一定会有不一样的收获！

附录五　职场新人打杂的经济学思考

1. 职场新人的困惑和苦恼

小王新入职场，入职已有半年的他在公司干的都是一些端茶送水、抄抄写写兼跑腿送信的杂事，最近公司开始让他协助部门经理处理一些公司具体业务，但基本上也是查找资料、修改文件格式之类的辅助性工作。这让这位自认为满腹经纶的大学高才生颇为不爽，认为有力使不出，实在是浪费青春。

另外，小王还担心长期打杂会“自废武功”，在学校学的那些知识会很快还给老师，他心里也有些着急。因此，他最近在工作上有些懈怠，工作积极性也有些下降，一份只需要6分努力就能干好的事，他觉得没有挑战性或干脆就是漫不经心，只愿意付出5分的努力，得到的是4分的结果。这让部门经理得出结论，现在的大学生眼高手低，不愿从具体的小事情做起。“一屋不扫，何以扫天下”，部门经理更不敢把一些重要的事情交给他，对他的工作态度也提出了批评。这让小王十分苦恼，甚至觉得“此处不留爷，自有留爷处”，产生离职另谋高就的想法。

其实职场从本质上讲就是一个需要多人合作才能一起完成工作的场合。既然需要多人合作，就必然存在分工的问题。小王遇到的问题实际上就是一个工作分配，也就是分工的问题，那么怎样分工才能达到最好的效果？

2. 职场分工的“绝对优势理论”

大家都知道人是群居动物，人类的发展进程中分工起到了至关重要的作用，因此分工理论是经济学中最古老和最活跃的问题之一。最早的分工理论“绝对优势理论”是由有“经济学之父”美誉的亚当·斯密在其代表著作《国富论》中提出的。他是从国家之间的贸易，即国家之间的分工协作来论述的。他认为，每一个国家都有其适宜于生产的某些特定的产品的绝对有利的生产条件，去进行专业化生产，然后彼此进行交换，这对所有交换国家都有利。这个理论的本质含义就是分工会带来互利双赢，当然前提是分工各方都有各自的优势，大家都生产自己有绝对优势的产品，再进行贸易合作，则大家都会从贸易合作中得到好处。

我们可以举一个个人分工的例子来说明按照“绝对优势理论”该如何进行分工协作。比如小王和小张是一个寝室的室友，他们在一家公司找到一份兼职工作：录入文章并校对好，报酬分别是录入每千字 5 元，校对每千字 3 元，但要求提交的必须是录入并校对好的文章。他们两人录入和校对的速度分别是：

	录入速度	校对速度
小王	10 千字 / 小时	20 千字 / 小时
小张	8 千字 / 小时	24 千字 / 小时

假设他们每天有 4 小时来从事这项兼职工作，他们每天能挣多钱？

由于要求提交的必须是录入并校对好的文章，因此如果小王单独完成这两项工作，由于小王校对速度是录入速度的两倍，他最好用 2/3 的时间录入，1/3 的时间校对：

小王每天完成的工作量 $=10\times4\times2/3=20\times4\times1/3\approx26.7$ 千字；

小王每天的收入 $=26.7\times(5+3)=213.6$ 元。

如果小张单独完成这两项工作，由于小张校对速度是录入速度的 3 倍，他最好用 3/4 的时间录入，1/4 的时间校对：

小张每天完成的工作量 =8 × 4 × 3/4=24 × 4 × 1/4 ≈ 24 千字；

小王每天的收入 =24 ×（5+3）=192 元。

我们对上表稍加分析就会发现，小王和小张在录入和校对上各有优势：小王录入速度快，小张校对速度快。用专业一点的话来说就是：小王在录入方面有绝对优势，小张在校对方面有绝对优势。因此他们可以进行合作，按照“绝对优势理论”进行分工：小王 4 个小时全部用于录入可以录入 40 千字，而小张校对 40 千字只需要 40/24=1.67 小时，小张还剩下 4–1.67=2.33 小时可以继续按照 3/4 的时间录入，1/4 的时间校对的方式来完成，这样，小张还可以完成的工作量 =8 × 2.33 × 3/4=13.98 千字。

也就是说，小王、小张分工合作，小王完全负责录入，小张完全负责校对并部分时间录入，他们可以完成 40+13.98=53.98 千字的工作量，总收入 53.98 ×（5+3）=431.84 元。按照他们各自独立完成的收入 213.6+192=405.6 元补偿后，还可以剩下 431.84–405.6=26.24 元在他们两人之间分配。显然，分工合作可以促进他们两人的利益。

将这个理论用到职场分工中就是，职场中的分工也应该依据各位职场人士的绝对优势来进行，简单地说就是大家都要干自己最擅长的事情，这样对组织来讲可以效用最大化，对组织成员来讲，也有好处。

但如果按这个理论来分工，像小王这样的职场新人就没什么事可干了。因为主管、部门经理这些职场人士从简单的端茶送水到复杂的项目策划，各类职场技能几乎都是超过像小王这种职场新人的。一家公司的人力资源部长说新来的大学生连怎么给客人倒开水、接电话等职场工作都需要学习！职场“小王”们还有活路吗？

3. 职场分工的“比较优势理论”

好在这时英国古典经济学派的另一位“大咖”大卫·李嘉图站出来了。他提出“比较优势理论”。这个学说认为：国际贸易产生的基础并不限于生产技术的绝对差别，只要各国之间存在着生产技术上的相对差别，就会出现生产成本和产品价格的相对差别，从而使各国在不同的产品上具有比较优势，使国际分工和国际贸易成为可能，进而获得比较利益。这个理论的本质含义就是分工的基础不一定是各方都有绝对优势，如果你具有比较优势，只要大家都生产自己有比较优势的产品，再进行贸易合作，则大家同样会从贸易合作中得到好处，分工同样会带来互利双赢。

我们仍以上面小王、小张的例子来说明按照比较优势理论该如何进行分工协作。假设他们两人录入和校对的速度分别是：

	录入速度	校对速度
小王	10 千字 / 小时	20 千字 / 小时
小张	6 千字 / 小时	18 千字 / 小时

假设他们每天有 4 小时来从事这项兼职工作，他们各自独立完成其收益为：

对于小王而言，结果和先前是一样的，他用 2/3 的时间录入，1/3 的时间校对：

小王每天完成的工作量 $=10\times4\times2/3=20\times4\times1/3\approx26.7$ 千字；

小王每天的收入 $=26.7\times(5+3)=213.6$ 元。

对于小张而言，情况有些变化，因为现在他校对的速度仍然是录入的 3 倍，因此小张还是应该用 3/4 的时间录入，1/4 的时间校对，但单位时间的速度发生了变化：

小张每天完成的工作量 $=6\times4\times3/4=18\times4\times1/4=18$ 千字；

小张每天的收入 $=18\times(5+3)=144$ 元。

现在这种情况，小王似乎就没必要和小张进行分工，因为小王在录入和校对两方面都是强于小张的。但只要细加分析就会发现，小王在录入方面要比校对方面“强”一些，或者说小张在校对方面比录入方面要“弱”一些。所以，我们可以建议小王优先干“优势”更大的录入，小张优先干“劣势”更小的校对：小张专门从事录入，4 小时可以录入 40 千字，小张校对 40 千字花 $40/18=2.2$ 小时，剩下的 $4-2.2=1.8$ 小时再按 3/4 和 1/4 的比例分配，可以完成 $6\times2.2\times3/4=9.9$ 千字。

也就是说，这种情况下小王、小张仍可分工合作，小王完全负责录入，小张完全负责校对并用部分时间录入，他们可以完成40+9.9=49.9千字的工作量，总收入49.9×（5+3）=399.2元。按照他们各自独立完成的收入213.6+144=357.6元补偿后，还可以剩下399.2−357.6=41.6元可以在他们两人之间分配。显然，这种分工合作仍然可以促进他们两人的利益。

所以简单地说，“比较优势”的意思就是处于绝对优势的一方要做自己优势更大的事，处于绝对劣势的一方要做自己劣势更小的事。

4. 职场新人的出路

说到这里，职场“小王”们是否明白了点什么？由于刚毕业的大学生是职场的“绝对劣势”群体，大学生要参与组织的分工，只能寻找自己的“比较优势”。显然在职场中，新人“打杂”的劣势最小。因此，对于职场新人来说，“打杂”既是大家在职场早期发展的“宿命”，某种意义上更是大家在职场发展的起步机会。（我个人认为，现在大学生就业难，其中的原因之一似乎和互联网技术等新技术的发展和其他服务业的发展有关，因为这种发展趋势使职场的简单劳动和低端业务急剧减少，表现在就业上就是职场对缺乏经验的新人的需求降低了。这其实是国家、社会、学校更应该关注的问题。）

中国在改革开放参与到国际竞争的初期，也是按照“比较优势”的原理，主要从事的是劳动密集型的加工制造业，像职场新人一样干的都是“打杂”的事，辛苦不说，收益还很低。很多人也不理解，“凭什么”？但国际竞争有其自身的游戏规则，要玩就只能按规则出牌。现在，我们自身实力提高了，提出“创新驱动”“从中国制造迈向中国创造”等战略，表明我们的“比较优势”正在悄然发生变化，自然在国际分工中“杂事”就会干得越来越少，“大事”就会干得越来越多。

职场新人们也是这样，要认识到职业发展早期的“打杂”是一个阶段性的现象。这个阶段持续的时间有多长，取决于你“打杂”时的态度和表现，以及你为将来承担核心业务工作所做的准备。对于职场新人来说，一份只需要6分努力就能干好的所谓“杂事”，要愿意付出10分的努力，争取得到8分以上的结果。只有这样，你才会在职业发展起步阶段得到更多的认可，进而更早有机会接触到你所在单位的职场核心业务，提升自己的核心职业能力。职场新人要在认真“打杂”做好职场“配角”的同时，注意观察学习，使自己在职场的“比较优势”尽快地得到提升或转换，随时做好晋升职场“主角”的准备，耐心等待机会的降临。

附录六　薪酬的经济学和管理学意义

在职业发展的过程中，薪酬是一个绕不过去的话题。当人们发生争执时，往往有一句口头禅“这就不是钱的事儿”。但按照笔者的个人经验，这种时候往往十之八九就是“钱的事儿”。这也难怪，金钱（尤其是货币）从经济学的角度来讲，它是“边际效用递减”规律的一个例外，货币的边际效用是恒常不变的（注意，我们这里说的是货币的边际效用不变，单位货币支出的边际效用仍然是递减的）。从来没有听说这个世界上有人会嫌钱多。在职业发展和职业选择上，大家通常也是希望起薪高一些，涨薪快一些。同学“五年”“十年”“二十年”聚会的时候，大家总是会有意无意“赛”“晒”收入。但我们对“薪酬”的认识全面吗？

其实，在管理学和经济学研究领域，薪酬也是一个热门话题，下面我们略谈一二：

全面薪酬

如果把货币收入看成是薪酬的全部，那就失之偏颇了。尽管现代人力资源管理理论体系中对薪酬有不同的界定，但现在被大多数学者接受的是“全面薪酬”（也有学者称之为报酬）的概念：公司为达到组织战略目标对作出贡献的个人或团队的系统奖励。它关注的对象主要是那些帮助组织达到组织目标的行动、态度和成就。全面薪酬主要包括两部分：外在薪酬和内在薪酬。

外在薪酬是员工为组织工作所获得的外部收益，包括经济性薪酬和非经济性薪酬。经济性薪酬就是传统薪酬的内涵，比如基本工资、奖金等短期激励；股票期权、利润分享等长期激励；退休金、医疗保险以及公司支付的其他各种形式的福利等。非经济性报酬主要指工作环境与组织环境，为员工提供的培训学习等发展机会，组织管理与组织文化以及组织发展带来的机会和前景等。

内在薪酬对员工而言是内在的心理收益，主要表现为社会和心理方面的回报。员工在工作特性、工作意义、工作多样性、工作决定权和反馈都得到满足时，员工的心理状态就会得到改善，从而对组织承诺会增强。它能够长时间给员工带来激励和工作满足感。

按照全面薪酬的概念来理解“薪酬”有助于我们进行正确理性的职业决策，很多大学毕业生在求职时往往会比较关心入职时的起薪，但按“全面薪酬”的概念，这一部分只是“全面薪酬”的“外在薪酬”的“经济性薪酬”部分，比例并不高，没有必要把起薪看得太重。

其实，对于一个刚入职的新人而言，“外在薪酬”的“非经济性薪酬”中的“培训学习等发展机会”和“组织发展带来的机会和前景”等部分应该更有价值。而且随着年龄、个人成长等生涯要素的变化，“内在报酬”中的“工作意义、工作多样性、工作决定权和反馈”等部分的重要性也会越来越明显。“起薪诚可贵，发展价更高，若为意义故，二者皆可抛。”

薪酬的信号作用

由于劳动雇佣领域是典型的信息不对称领域，因此信息经济学在这个领域颇有建树。从信息经济学的视角，薪酬是一个非常有效的“信号”。关于薪酬的信号作用，我想先分享几个职场中的例子。

• 世界500强企业“大都会人寿”进入中国后，其“寿险规划师”的招聘条件中有一条：要求应聘者上一个年度的总收入达到xx万元（通常是当地较高收入水平），并提供收入证明。这个条件在当时让很多人不理解。我以前收入跟我是否符合“寿险规划师”的入职

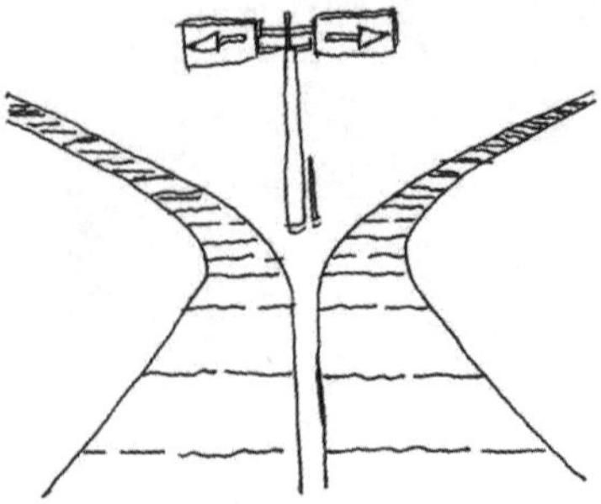

条件有什么关系？

• 在 2005 年之前，各类机构薪酬调查的薪酬排名都是一样的：小学毕业，初中毕业，高中毕业，大学专科，学士学位，硕士学位，博士学位，MBA。这个趋势大体表明，受教育越多，人力资本越高，薪酬也就越高。但是，也有一个唯一的例外，那就是 MBA 比博士学位都要高出许多，凭什么？ 2005 年之后的薪酬调查表明，大学生的起薪一路下滑。最近几年，甚至出现大学生的起薪不如一些初中毕业的民工的现象，“读书无用论”再次“甚嚣尘上”。2010 年之后，MBA 似乎也风光不再，薪酬水平的优势大幅回落，这又是为什么？

•当财务状况出现困难时，裁员和降薪是两种常用的渡过难关的方式。如果你是公司的老板，你倾向于采用哪种方式？而如果你是公司的骨干员工，你会如何理解公司的裁员和降薪？当公司采用其中一种时，你会如何应对？

上面几个生活当中的例子，都与信息经济学中的“信号传递”有关。薪酬是一个非常好的“可置信信号”。其实，大多数时候，金钱往往是最好的试金石。

比如上面提到的“大都会人寿”之所以要求应聘者的收入达到一定额度以上，这是因为“薪酬水平”的高低本身就是一个人职业能力可置信的信号，这相当于通过这样一个较高的收入水平为“大都会人寿”作了一个人才的初步筛选。另外，根据物以类聚，人以群分的道理，一个人的收入水平在当地的排序情况，基本上也能够决定这个人在当地的“人脉圈”的收入水平。大家都知道，人寿保险，尤其是高端人寿保险的营销，人际关系和信任是基础，“大都会人寿”这一招，实际上也把它的目标客户群体区分出来了。真是一箭双雕。

一般而言，博士所受的教育和人力资本的积累是高过 MBA 的，但是在 2005 年之前，由于 MBA 的学费相对高昂，因此，当时的 MBA 学员都是一些企业高管之类的更具经营头脑和赚钱能力的人，因此，当时的 MBA 有更高的薪酬，主要不仅是因为他们接受了 MBA 教育，更是因为他们本身就比别人更会赚钱。更重要的是，这些人通过以能够支付“高昂”的 MBA 学费为信号，将其“更具经营头脑和赚钱能力”的私人信息显示出来，也使得雇主知道其能力并愿意高薪聘请。

最近几年大学生起薪不断下滑，原因当然是多方面的。但不容忽视的一个重要原因是教育信号的模糊。在 1998 年开始的大学大规模扩招之前，大学教育传递的可置信是高能力的信号（教育信号理论是经济学家迈克尔·斯彭斯提出来的），雇主乐于接受并愿意支付较高的工资。但是扩招后，优秀或不那么优秀的高中生都跨入了大学的门槛，接受高等教育并不能表明一个人具备高能力，雇主们再也不能通过高学历来判断个人是否具有高能力。而且，雇主们知道大学生整体质量水平是下降了的，因此，雇主们倾向于支付更低的平均工资也就不足为奇了。（当然，大家也不要以为大学文凭就不重要了，只是它现在变成了“保护性信号”：即有大学文凭不能证明你有多厉害，但没有大学文凭可以证明你有多“不”厉害！）

2010 年前后，大量的二本院校也开始招收 MBA，这一方面使得 MBA 的数量大增，其人员构成和早期有很大差异；另一方面，由于收入增加、通货膨胀等因素，MBA 的学费不再“高昂”（尤其是一些二本院校从生源角度考虑，MBA 的学费并不高）。这些变化使得 MBA“更具经营头脑和赚钱能力”的信号作用大大削弱，雇主们自然不愿再为 MBA 们支付额外的高工资了。但是，现在的“中欧商学院”“长江商学院”和 985 高校的 EMBA 等高收费形式的学历学位教育的热门状况表明：人才市场始终是需要谁是“更具经营头脑和赚钱能力”这个信号的，谁能够发出这个信号，谁就能够获得高薪。

企业经营困难的原因往往是多方面的，但财务困难却有可能既是原因也是结果。面临这种情况，企业老板和员工之间对于企业整体情况（包括财务状况）的信息是不对称的。如果企业老板宣布因为公司财务状况紧张而减薪，员工多半会加以抵制，因为他们不相信公司财务状况紧张是事实。但裁员不一样，业绩好的时候裁员对老板是不利的。因此，裁员是公司财务状况不好的“可置信”信号，这不仅可以避免减薪带来的“逆向选择”（即减薪时，优秀员工通常更容易选择离职，留下来的往往是不太符合企业要求的员工），还可以促使员工通过更加努力工作等方式帮助企业渡过难关。

从员工，尤其是骨干员工的角度来讲，裁员也是一个较好的选择。当然，这首先是因为他们不容易被裁掉。更重要的是，裁员而不是减薪避免了给他们贴上“身价”（人力资本）缩水的标签。对于一个职场人士，尤其是高层次人才，薪酬实际上是他职场能力最可置信的“信号”（猎头公司对于客户公司一个最重要的价值就是，了解猎头对象的历史薪酬水平，从而建议一个符合公司利益又有吸引力的薪酬水平，从而达到挖人目的）。在一家公司薪酬降低不打紧，但降低了后续职业生涯薪酬的“起评分”损失就大了。

随着社会经济发展水平的不断进步，工作作为谋生手段的功能不断弱化，更多的成为实现个人人生价值、寻找生活意义的方式。作为工作回报的“薪酬”的表现形式和意义也越来越多元化。从这个角度讲，我愿意修正我前面说的话：薪酬在很多时候还真不是钱的事儿！

附录七　应届毕业生线上求职注意事项

一、线上视频面试注意事项

1. 提前做好公司和岗位的背景信息调查功课，资料准备充分，熟记脑海。

2. 提前调试家中网络，确保在面试过程中不会出现掉线或网络不顺等情况。

3. 选择一个干净整洁的房间作为面试背景，且家人勿扰。

4. 准备一个 2 分钟内的自我介绍，简明扼要，突出重点，让 HR（人力资源）在短时间内能记住你与众不同的地方。

5. 提前预设 HR 会问你的问题，自己模拟作答，力求突出个人特点，这样在连续的多人面试中才能脱颖而出。回答提问时，切中要害，言简意赅。

6. 注重面试时的精气神，可以提前和朋友开视频，看看神情和妆容在视频中是否适合面试。

7. 相关证书和资料放在手边，随时准备展示，如果有些问题实在想不到也可以快速看一下资料。

8. 准时。约好的时间要提前上线准备。

9. 注意观察面试官的表情变化，随机应变。

10. 眼神注视对方，勿漂移，勿避开对方眼神交流，适当微笑，放松。

二、简历制作注意事项

1. 留下多种联系方式

务必填上电话号码等联络信息，以便招聘单位第一时间与你取得联系，一旦联系方式变化应立即上网更新。

2. 英文简历不要忘

许多外资、合资企业在招聘时， 要求应聘者提供英文简历，如你有意于外资、合资企业的职位，请不要忘了同时将英文简历填写完整。这能使你的简历更具专业性和竞争力。

3. 常上网更新简历

人事经理一般按照简历的完整程度及更新时间进行筛选。简历填写得越完整， 更新得越勤快，你被人事经理搜索到的机会就越多。

4. 标新立异要慎重

除非招聘岗位特别强调从业人员的创意和个性，否则绝大多数 HR 都不大看好标新立异的方式。如视频简历等形式会耗费 HR 更多的时间，且应聘者太过个性会让 HR 质疑你的团队合作能力。

5. 专业技能要具体

如果你是 IT 人才，当你描述项目经验时一定要将该项目的软硬件环境、开发工具写清楚，并详细描述你在该项目中的具体职责。

6. 内容要突出重点

简历一页即可。如要应聘人力资源相关职位，就得重点描述在人力资源方面的理解、经历和建树，以及本身性格方面与人力资源岗位的匹配。突显你的职业意向和规划，证明职业潜力。

三、网络投递简历注意事项

1. 邮件标题要醒目

反例代表：邮件的标题为“求职”“应聘简历”“× × 大学个人简历”“× × 大学专业”。

错误原因：邮件的标题为“求职”的邮件，你知道它要投哪个岗位，要应聘哪个部门吗？

正确做法：清晰注明求职岗位，并适当注明符合对方招聘要求的信息。例如，如果对方要求的专业是人力资源，那么“人力资源”字眼就是重要信息；如果你所在专业与要求专业对口，而此专业你校又比较有优势，就要注明高校的名字；如对方要求的“马上就可以上岗”就要标注“可随时到岗”。

2. 邮件正文要规范

反例代表：邮件正文的位置出现“×× 邮箱，终身伙伴！”之类的广告，以及“祝老师工作顺利”等句子。

错误原因：这样的邮件只会让 HR 觉得你缺乏诚意，不是真的想申请这个职位。

正确做法：正文内容一定要写，并且要注意以下几点。开头写两句客套话，如“您好！通过 ×× 渠道获得贵公司正招聘 ×× 人员，特来征聘，主要理由如下……”；内容要有针对性，即针对招聘单位提出的职位要求，在正文中依次作答；告知一些重要信息，如姓名、高校名称、所学专业、学位学历、毕业时间等；结尾可以加上一些祝福的话。还要注意不要字数太多，并按照信件的规范来写，以“尊敬的女士 / 先生”为抬头，记得落款，标明自己的名字、手机号码、时间等重要信息。

3. 邮件附件的文件名要注意

反例代表：附件使用“新建文档”“文档 1”“1234”“文本文件”等无意义的文件名。

错误原因：附件采用一些规范的命名方式，是为了更好地方便 HR 将你的简历存入他们的文件夹，而不需要重新命名。正所谓细节决定成败，一些细节没有做好也许别人不会否定你，但你并不能确定你忽略的细节是招聘者所不在乎的。

正确做法：如“×××”“×× 大学—×× 专业 ×××”“应聘 ××× 岗位—×××”等等。

4. 不能一份简历用到底

反例代表：有的人图省事，所有职位都投递相同的求职信。

错误原因：求职信的大忌，即“一视同仁”。对于眼光犀利的

HR 来说，这样“一视同仁”的行为是对所求职位的不重视。建议求职者至少每一个方向的职位套用一封求职信模板。

正确做法：认真对待每一次简历的投递这样才会得到别人的认真对待。

5. 邮箱名字要正规

反例代表：邮箱名叫“差不多”“无所谓”等。

错误原因：HR 打开邮件最先关注的是这篇邮件是谁发送的，如果看到这种不正式的名字，第一印象必然会不太好。

正确做法：选择比较正式的偏商务性质的邮箱，尽量避免使用娱乐性质过浓的邮箱后缀，避免出现看起来不正式的字词，可以将邮箱命名为自己的姓名，如“张三”“李四”等。

参考文献

[1] 金树人 . 生涯咨询与辅导 [M]. 北京：高等教育出版社，2007.

[2] Robert D. Lock. 把握你的职业发展方向 [M]. 钟谷兰，曾垂凯，时堪，等，译 .5 版 . 北京：中国轻工业出版社，2006.

[3] 钟谷兰，杨开 . 大学生职业生涯发展与规划 [M]. 武汉：华东师范大学出版社，2008.

[4] 罗伯特·C. 里尔登 . 职业生涯发展与规划 [M]. 侯志瑾，译 . 北京：中国人民大学出版社，2010.

[5] 周文霞 . 职业生涯管理 [M]. 上海：复旦大学出版社，2012.

[6] 彭聃龄 . 普通心理学 [M]. 北京：北京师范大学出版社，2012.

[7] 俞国良 . 社会心理学 [M]. 北京：北京师范大学出版社，2006.

[8] 林崇德 . 发展心理学 [M]. 2 版 . 北京：人民教育出版社，2009.

[9] 黛安娜 · 苏柯尼卡，丽莎 · 劳夫曼，威廉 · 本达特 . 职业规划攻略 [M]. 边珩，靳慧霞，宋佶霖，等，译 . 北京：化学工业出版社，2014.

[10] 钟思嘉 . 生涯咨询实战手册 [M]. 北京：中国轻工业出版社，2010.

[11] Norman C. Gysbers，Mary J. Heppner，Joseph A. Johnston. 职业生涯咨询：过程、技术及相关问题 [M]. 侯志瑾，译 . 北京：高等教育出版社，2007.

[12] 王丽，朱宝忠 . 大学生职业生涯规划训练手册 [M]. 北京：北京理工大学出版社，2014.

[13] 理查德 · 格里格，菲利普 · 津巴多 . 心理学与生活 [M]. 王垒，王甦，等，译 . 北京：人民邮电出版社，2003.

[14] 方伟 . 大学生职业生涯规划咨询案例教程 [M]. 北京 . 北京大学出版社，2008.

[15] 张志 . 不要等到毕业之后 [M]. 南京：江苏文艺出版社，2013.

[16] 覃彪喜 . 读大学，究竟读什么 [M]. 广州：南方日报出版社，2012.

[17] 古典 . 你的生命有什么可能 [M]. 长沙：湖南文艺出版社，2014.

[18] 苏文平 . 赢在第四起跑线 [M]. 北京：机械工业出版社，2011.

[19] 朱若霞 . 如何掌控自己的人生 [M]. 北京：新世界出版社，2010.

[20] 徐小平 . 图穷对话录 [M]. 长沙：湖南文艺出版社，2012.

[21] 鲍金勇 . 原来大学可以这样读 [M]. 上海：上海交通大学出版社，2013.

[22] 卡尔 · 纽坡特 . 如何在大学里脱颖而出 [M]. 赵娟，译 . 深圳：海天出版社，2005.

[23]Jacob Morgan. 重新定义工作 [M]. 刘怡，译 . 北京：人民邮电出版社，2015.

[24] 杰夫 · 科尔文 . 哪来的天才？：练习中的平凡与伟大 [M]. 张磊，译 . 北京：中信出版社，2009.

[25] 泰戈尔 . 不必火星撞地球：避开交际中的性格陷阱 [M]. 殷红姣，译 . 北京：机械工业出版社，2006.

[26] 卡尔 · 古斯塔夫 · 荣格 . 心理的类型 [M]. 北京：北京理工大学出版社，2013.

[27] 大卫 · 凯尔西 . 请理解我 [M]. 王甜甜，译 . 北京：中国城市出

版社，2011.

[28] 贾杰 . 活得明白 [M]. 北京：北京大学出版社，2015.

[29] 斯科特 · 普劳斯 . 决策与判断 [M]. 施俊琦，王星，译 . 北京：人民邮电出版社，2004.

[30] 丹尼尔 · 卡尼曼 . 思考，快与慢 [M]. 胡晓姣，李爱民，何梦莹，译 . 北京：中信出版社，2012.

[31] 理查德 · 尼尔森 · 鲍利斯 . 你的降落伞是什么颜色 [M]. 李春雨，王鹏程，陈雁，译 . 北京：中国华侨出版社，2014.

[32] 杨萃先，张有明，万泓楷，等 . 这些道理没有人告诉过你 [M]. 北京：北京联合出版社， 2012.

[33] 索尼娅 · 柳博米尔斯基 . 幸福的神话 [M]. 黄珏萍，译 . 杭州：浙江人民出版社，2013.

[34] 索尼娅 · 柳博米尔斯基 . 幸福多了 40%[M]. 闻萃，译 . 上海：华东师范大学出版社，2009.

[35] 马丁 · 塞利格曼 . 真实的幸福 [M]. 洪兰，译 . 沈阳：万卷出版公司，2010.

[36] 马丁 · 塞利格曼 . 持续的幸福 [M]. 赵昱鲲，译 . 杭州：浙江人民出版社，2012.

[37] R umberger R W. The Impact of Surplus Schooling on Productivity and Earnings [J] .Journal of Human Resources，1987，22 (1) ：24-50.

[38] Lucas RE. On the Mechanics of Economic Development [J] . Journal of Monetary Economics，1988，22 (1) ：3-42.

[39] Mincer J. Human Capital Responses to Technological Change in the Labor Market [J] .Social Science Electronic Publishing，1989，31 (3) ：200-202.

[40]Weisberg J. Differential Teamwork Performance： The Impact of General and Specific Human Capital Levels [J] .

International Journal of Manpower，1996，17（8）：18-29.

[41]Anger，S.，Schnitzlein，D. Cognitive Skills，Non-Cognitive Skills，and Family Background：Evidence from Sibling Correlations. 2016，the German Socio Economic Panel Research.

[42]James J. Heckman，Tim Kautz. Hard evidence on soft skills[J]. Elsevier B.V.，2012，19（4）：451-464.

[43] Heckman J J，Rubinstein Y. The Importance of Noncognitive Skills: Lessons from the GED Testing Program[J]. American Economic R eview，2001，91（2）：145-149.

[44] Salgado J F. The Five Factor Model of Personality and Job Performance in the European Community [J] . Journal of Applied Psychology，1997， 82（1）：30.

[45] Hogan J，Holland B. Using Theory to Evaluate Personality and Job-Performance R elations：a Socioanalytic Perspective. [J]. Journal of Applied Psychology，2003，88(1)：100-112.

[46] Nyhus E K，Pons E. The Effects of Personality on Earnings [J] . Journal of Economic Psychology，2005，26（3）：363-384.

[47] 周金燕 . 人力资本内涵的扩展：非认知能力的经济价值和投资 [J]. 北京大学教育评论，2015，13（1）：78-95，189-190.

[48] 李晓曼，曾湘泉 . 新人力资本理论：基于能力的人力资本理论研究动态 [J] . 经济学动态，2012（11）：120-126.

[49] 黄国英，谢宇. 认知能力与非认知能力对青年劳动收入 回报的影响 [J] . 中国青年研究，2017（2）：56-64，97.

[50] 肖焰，蔡晨 . 基于能力理论的人力资本研究综述 [J]. 中国石油大学学报（社会科学版），2017，33（6）：21-26.

[51] 胡博文．非认知能力对劳动者收入的影响：机制探讨和实证分析 [D]. 杭州：浙江大学，2017.

[52] 乐君杰，胡博文．非认知能力对劳动者工资收入的影响 [J]. 中国人口科学，2017（4）：66–76，127.

[53] 张晓云，杜丽群．认知能力、质量可比的教育与收入：基于对明瑟方程拓展的实证分析［J］. 世界经济文汇，2017（6）：39–55.

[54] 程虹，李唐．人格特征对于劳动力工资的影响效应：基于中国企业—员工匹配调查（CEES）的实证研究［J］. 经济研究，2017，52（2）：171–186.

[55] 章海山. 人力资本的伦理意义[J]. 道德与文明，2004（6）：4–8.

[56] 逯进，周惠民. 人力资本理论：回顾、争议与评述［J］. 西北人口，2012，33（5）：46–52.

[57] 王子涵，王小军．包含认知能力的教育回报率估计：基于CHIP2007 年数据的实证研究［J］. 教育与经济，2016（1）：39–46，74.

[58] 祖霁云，Patrick Kyllonen. 非认知能力的重要性及其测量 [J]. 中国考试，2019（9）：22–31.

[59] 盛卫燕，胡秋阳．认知能力、非认知能力与技能溢价：基于CFPS2010–2016 年微观数据的实证研究 [J]. 上海经济研究，2019（4）：28–42.

[60] 董华，宁维宁，侯冠华．认知能力测量：基于包容性设计的文献综述 [J]. 工业工程与管理，2016，21（5）：111–116.

[61] 王春超，张承莎．非认知能力与工资性收入 [J]. 世界经济，2019，42（3）：143–167.

[62] 关会娟，李昕，谭莹．教育投入、交易成本与区域收入差距 [J]. 财经研究，2019，45（7）：97–111.

[63] 钟秋明，郭园兰．社会资本影响高校毕业生就业观的实证研究 [J]. 高教探索，2016（3）：117–122.

[64] 岳昌君．高校毕业生求职效率的实证研究 [J]. 高等教育研究，2008（6）：83-89.

[65] 黄敬宝．人力资本和社会资本对大学生就业概率的作用 [J]. 中国青年社会科学，2015，34（3）：36-40.

[66] 徐莉，郭砚君．大学生就业质量与社会资本关系研究：以武汉高校为例 [J]. 中南民族大学学报（人文社会科学版），2010，30（05）：85-88.

[67] 赵建国，王嘉箐．社会资本对大学生就业质量的影响研究 [J]. 财经问题研究，2017（6）：124-131.

[68] 钟云华，应若平．强弱社会关系对大学生求职影响的实证分析 [J]. 高等教育研究，2007（12）：31-36.

[69] 刘艳茹，郭海彧．强弱关系与大学生初次就业的关联性研究：基于社会分层的视角 [J]. 财经问题研究，2018（9）：138-145.

[70] 岳昌君，张恺．高校毕业生求职结果及起薪的影响因素研究：基于 2013 年全国高校抽样调查数据的实证分析 [J]. 教育研究，2014，35（11）：72-83.

[71] 陈霞红，刘文献，陆维维，等．大学生职业生涯规划对就业效果的影响研究：以中国计量大学“Future Engineers”计划为例 [J]. 现代经济信息，2016（18）：396.

[72] 李松龄．社会资本理论的辩证认识与现实意义 [J]. 贵州社会科学，2019（1）：125-133.

[73] 陈云松，比蒂 · 沃克尔，亨克 · 弗莱普．“找关系”有用吗：非自由市场经济下的多模型复制与拓展研究 [J]. 社会学研究，2013，28（3）：101-118，243.

[74] 张文玉．家庭社会资本、动员能力与大学生求职 [J]. 中国青年研究，2017（12）：96-102.

[75] 陈良和．社会资本积累与大学生求职择业 [J]. 中共福建省委党校学报，2006（8）：65-67.

[76] 徐俊，年晓萍 . 社会资本与大学生就业关系问题研究 [J]. 教育发展研究，2009（17）：24-28.

[77] 陈宏军，李传荣，陈洪安 . 社会资本与大学毕业生就业绩效关系研究 [J]. 教育研究，2011，32（10）：21-31.

[78] 张甜甜，刘晓亮 . 强关系影响下的大学生就业问题研究：社会资本理论的视角 [J]. 法制与社会，2016（7）：196-197.

[79] 李春青 . 人力资本、社会资本与大学生就业的关系 [J]. 职业技术教育，2016，37（22）：38-43.

[80] 钟云华 . 大学生就业社会资本新论：内涵、功能与测量指标 [J]. 现代大学教育，2018（6）：8-14.

[81] 岳昌君 . 高校毕业生求职效率的影响因素分析 [J]. 北京大学教育评论，2009，7（4）：10-21，187.

[82] 陈永利，吕媛 . 毕业生求职效率与就业满意度的影响因素研究：以北京大学为例 [J]. 北京教育（德育），2014（10）：18-21.

[83] 魏倩，庄媛媛，郑妍妍 . “关系”能帮你找到好工作吗 ?[J]. 南京财经大学学报，2017（4）：78-86.

[84] 岳昌君，杨中超 . 我国高校毕业生的就业结果及其影响因素研究：基于 2011 年全国高校抽样调查数据的实证分析 [J]. 高等教育研究，2012，33（4）：35-44.

[85] 夏仕武 . 民族院校大学生就业资本与就业效果的实证分析 [J]. 民族教育研究，2012，23（3）：32-37.

[86] 李军凯 . 高校毕业生实习经历对求职结果的影响研究 [J]. 中国青年政治学院学报，2013，32（4）：29-33.

[87] 刘钊 . “非认知”视角下本科生毕业去向和求职结果的实证研究：基于“高等理科教育（本科）改革”调查数据的分析 [J]. 教育学术月刊，2016（5）：56-64.

[88] 谢义忠，卢海陵 . 就业能力、求职行为对应届大学毕业生求职结果影响的追踪研究 [J]. 管理评论，2016，28（1）：109-120.

[89] 石红梅，丁煜．人力资本、社会资本与高校毕业生就业质量 [J]. 人口与经济，2017（3）：90-97.